ALAN RICHARDSON

EINFÜHRUNG IN DIE MYSTISCHE KABBALA

W0368485

SPHINX POCKET

ALAN RICHARDSON

EINFÜHRUNG IN DIE MYSTISCHE KABBALA

GEHEIMNISSE DES BAUM DES LEBENS

SPHINX VERLAG BASEL

Aus dem Englischen
von Irmtraud Dümotz

CIP-Kurztitelaufnahme der Deutschen Bibliothek

Richardson, Alan:
Einführung in die mystische Kabbala:
Geheimnisse d. Baum d. Lebens / Alan
Richardson. [Aus d. Engl. von Irmtraud Dümotz]. –
Basel: Sphinx-Verlag, 1982.
(Sphinx pocket; 7)
Einheitssacht.: An introduction to the mystical
qabalah ‹dt.›
ISBN 3-85914-307-7
NE: GT

1982
© 1982 Sphinx Verlag Basel
Alle deutschen Rechte vorbehalten
© 1981 Alan Richardson
Originaltitel: An Introduction To
The Mystical Qabalah
The Aquarian Press
Wellingborough, England
Umschlagbild: Graham Lester
Gestaltung: Charles Huguenin
Gesamtherstellung: Ebner Ulm
Printed in Germany
ISBN 3-85914-307-7

Inhalt

Vorwort

Dies ist ein Versuch, ein einfaches Buch über Magie zu schreiben. Gemessen an diesem Anspruch wird dieses Buch einerseits zu kurz greifen, andererseits innerhalb der enggesetzten Grenzen seine Aufgabe erfüllen. Ich erhebe keinen Anspruch auf tiefschürfende Gründlichkeit und noch weniger darauf, als Autorität anerkannt zu werden, aber ich habe versucht, genügend altes und neues Material zusammenzubringen, um dem Schüler einen leichten Start zu ermöglichen. Widmen möchte ich dieses Buch Bill und seiner grenzenlosen Güte, Laura für eine glückliche Zeit, die längst entschwunden ist, und vor allem Cäcilie, die mich soviel gelehrt hat.

Magie und Symbole

Als Jugendlicher lieh ich mir aus der Bücherei A. E. Waites *Buch der rituellen Magie* aus und wanderte damit wie betäubt nach Hause. Vielleicht, so glaubte ich, hielt ich einen Splitter des Kreuzes Christi in der Hand. All die Geschichten über solche Bücher kamen mir wieder in den Sinn. Ich dachte an die Mitglieder der Stewardsippe, die ein Stirnband aus Metall zum magischen Schutz trugen, wenn sie einen geheimnisvollen Folianten mit dem Titel *Das rote Buch von Appin* auch nur zu öffnen wagten. Als ich schliesslich mit Waites Buch zu Hause anlangte, versetzte mich der Zauber der Zeichen, Siegel und Symbole in einen tranceähnlichen Zustand. Ich verbrachte Stunden damit, sie abzumalen oder benutzte sie unter den unterschiedlichsten Umständen in der Hoffnung auf eine wunderbare Wirkung. Aber darauf warte ich bis heute.

Es dauerte eine Weile, bis ich begriff, dass von den Symbolen keine andere Wirkung ausging als die, dass ich mein Zeichentalent übte. Dennoch war ich sicher, dass ich bald ein *wirkliches* magisches Symbol finden würde, das die Wirkungen hervorbringen würde, von denen ich träumte: Türen, die sich, ohne berührt zu werden, öffneten, die Projektion meiner Person in die Astralsphäre und eine erotische Ausstrahlung, die mich unwiderstehlich für alle Frauen machte. Nichts dergleichen trat je ein.

Natürlich war ich verwirrt und berauscht von wahlloser Lektüre zu vieler Bücher über Okkultismus und meiner eigenen Unerfahrenheit. Meine eigene Leichtgläubigkeit wurde nur noch übertroffen von der Leichtgläubigkeit der Autoren, deren Büchern ich blind vertraut hatte, und sowohl die Schriftsteller als auch ich glaubten, gewisse geheime Symbole besässen eine eigene, unaussprechliche Macht.

Erst viel später sollte ich begreifen, dass Symbole überhaupt keine eigenständige Kraft in sich tragen. Bilder von magischen Zeichen oder elektrischen Schaltkreisen haben selbst keine ihnen innewohnende Macht, aber wer die Prinzipien anwendet, die sie darstellen, kann beachtliche Wirkungen erzielen. Die Drudenfüsse, die ich so fruchtlos kopiert hatte, bekamen erst einen Sinn, als ich verstanden hatte, welche Bedeutung sie hatten. Sie *müssen* verstanden werden, um einen Wert zu erlangen. Ein Mensch, der versucht, mit Magie Erfolge zu erzielen, ohne die Symbole zu verstehen, wird versagen wie ein Autofahrer, der die Verkehrszeichen nicht versteht.

Was ist Magie?

Alles hängt davon ab, was man unter dem Begriff «magisch» versteht. Zuerst einmal hat Magie nichts zu tun mit unglaublichen Kräften, die sie Menschen verleihen könnte, genausowenig wie der einzige Zweck des menschlichen Lebens darin besteht, Geld anzuhäufen. Bis jetzt hat niemand die Definition von Magie als «die Kunst, Veränderungen im Bewusstsein hervorzurufen» übertroffen, aber für gewöhnlich betreten wir den Bereich der Magie in einem solchen Zustand von Verwirrung, dass wir selbst in einer so einfachen Aussage keinerlei Sinn zu entdecken vermögen.

Die Vorstellung der Ritualmagie ruft bei den Leuten für gewöhnlich zwei Reaktionen hervor. Die erste (und ohne Zweifel die, die den Leser dieses Buches bewegt) kreist um Zauber und Romantik, wiewohl der Student sich nicht ganz sicher ist, mit welchem Gegenstand er es zu tun hat. Die zweite ist glatter Unglaube und ein undeutliches Gefühl von Verwirrung.

Was wir jedoch tun können, ist, unsere eigene Frage zu beantworten, indem wir uns diese ungläubigen Typen ansehen und beobachten, wie diese Leute Magie praktizieren, ohne zu wissen, was sie da tun.

Der erste Typ des Ungläubigen ist einer, der eigene feste Glaubenssätze hat und alles andere als Abirrung betrachtet. Und doch zelebriert beispielsweise ein Katholik, der zur Messe geht, einen Akt reiner Ritualmagie, der von einem Aussenseiter sogar so weitgehend interpretiert werden könnte, als dass dieser Akt kannibalistische Untertöne hat, der auf das Gefühlsleben des Teilnehmers einwirkt. Eine Veränderung ist in seinem Bewusstsein vorgegangen. Er fühlt sich jetzt ein bisschen besser, ein wenig näher bei Gott.

Der andere Typ des Ungläubigen ist der des Rationalisten, des atheistischen Typen, der sicher ist, dass Ritualmagie in *seinem* Leben keine Rolle spielt. Wenn es nicht gerade ein Mensch ist, der niemals in seinem ganzen Leben sich wenigstens leicht verliebt hat, täuscht er sich gewaltig. Der Akt des Sich-Verliebens ist ein magisches Fest, das die weitreichendsten Veränderungen des Bewusstseins überhaupt verursachen kann. Der Geliebte muss nur lächeln oder eine Augenbraue hochziehen und die Geliebte erschauert. Die Verliebten haben kleine Spiele, Rituale und Geheimwörter, deren Bedeutung nur sie selbst kennen. Kleine Gesten können verheerende Folgen haben. Was immer bei einer Liebesgeschichte herauskommen mag, ihre reine Existenz verändert die Verliebten. Magie in höchster Form. Eine Verwandlung des Bewusstseins findet statt.

Die Magie, um die es in diesem Buch geht, muss unter genau diesem Gesichtspunkt betrachtet werden. Die Techniken sind zu verstehen im Sinne der Selbstfindung und Selbstvervollkommnung. Das letzte Ziel eines Magiers muss dasselbe sein wie das eines jeden Priesters . . . Vollkommenheit, menschliche und göttliche Vollkommenheit. Ob die Schüler Nebeneffekte erzielen auf dem Feld psychischer Beeinflussung, ist sekundär, gemessen an dem Ziel, ein besserer und weiserer Mensch zu werden.

Man muss sehen, dass die meisten Menschen, die anfangen, sich mit Magie zu beschäftigen, von einem starken Willen getrieben werden, Macht zu erlangen. Der Verfasser dieses Buches machte da keine Ausnahme.

Die meisten von uns leben ein ziemlich bewusstloses Leben und existieren als unzufriedene, häufig jämmerliche Gestalten. Magie scheint eine Möglichkeit zu sein, den widrigen Alltag zu verlassen und mit Hilfe von wenigen Symbolen und einem Minimum an Anstrengung unendliche Möglichkeiten zu erschliessen. In Wirklichkeit ist es so, dass die unendlichen Möglichkeiten uns zwar offenstehen, sie aber keineswegs mit einem Minimum an Anstrengung zu erschliessen sind.

Der wahre Magier tut nichts weniger als sein Ziel im Absoluten zu suchen (wie immer er das Absolute auch definieren mag). Metaphorisch gesprochen bedeutet Magie, sich dem eigenen Inneren zuzuwenden, sich selbst zu ergreifen, am Schopfe zu packen, ganz gleich, welche Ziele man im einzelnen anstrebt.

Als Kinder haben wir genau das getan. Ein Kind wächst heran und reift, indem es die Grossen nachahmt. Es lernt, indem es sie beobachtet und ihre Welt in seinem Spiel nachahmt. Es erfährt die Welt, indem es sie in seinen eigenen Begriffen im Spiel nachvollzieht. Nach und nach erweitert es seine Möglichkeiten, bis es darauf verzichten kann, die Lebenssituationen der Grossen nachzuspielen. Ähnlich entwickelt der Magier sich zur Gottgleichheit, indem er Rituale vollzieht, deren Sinn es ist, neue Welten zu schaffen. Vom Kind zum Erwachsenen, vom Erwachsenen zum Gott – das ist der Weg der Evolution, auch wenn beide, Kind und Erwachsener, auf ihrem Weg manchmal eine Pause einlegen müssen.

Die Bedeutung der Symbole

Aber wie passen die Symbole in all das hinein? Noch einmal, schauen Sie sich um in Ihrer Welt . . .

Die Gesten eines Verkehrspolizisten basieren auf einem festgelegten System. Jede Armbewegung hat ihre symbolische Bedeutung, die, wenn sie missverstanden wird, zu ernsten Zwischenfällen führen kann. Jeder Buchstabe auf dieser Seite ist ein Symbol, das benutzt wird, um eine Idee auszudrücken und einen Gedanken in sichtbarer Form darzustellen. Diese Buchstaben sind viel wirkungsvoller als irgendeine ägyptische Hieroglyphe, ganz einfach, weil jeder sie verstehen kann und sie so einen Einfluss auf unser Bewusstsein nehmen.

Die Formeln und Gleichsetzungen, die die Wissenschaft benutzt, symbolisieren für einen Wissenschaftler klar und deutlich gewisse Ideen, die für den Nicht-Eingeweihten unverständlich bleiben. Symbole haben ihre Bedeutung in bezug auf Kommunikation, sie sind eine Art Kurzschrift. An ihnen selbst ist nichts Esoterisches, es sei denn ihre Anwendung. Dichter benutzen sie, Blinde und Taube, Kinder und Magier, um zu der sie umgebenden Welt einen Bezug herzustellen.

Die Arbeit mit Magie beruht auf allgemeinverständlichen Prinzipien. Wie sonst sollte sie möglich sein? Wenn eine magische Anweisung gegen den gesunden Menschenverstand verstösst, ist es angezeigt, sie entweder zu verwerfen, zu warten bis das eigene Verständnis sie entschlüsseln kann oder eine andere Technik zu versuchen. In der Ritualmagie *muss* jede Geste eine Bedeutung haben. Diese Gesten werden nicht wegen ihrer ästhetischen Qualitäten benutzt, sondern weil sie sichtbare Verkörperungen innerer Gegebenheiten sind. Wenn ein Magier das kabbalistische Kreuz zeichnet, tut er das, weil es eine sinnvolle, logisch notwendige Handlung ist und nicht wegen des dramatischen Effekts.

Der erfahrene Magier arbeitet in einem Bewusstseinszustand, der von dem des normalen Alltagsbewusstseins unterschieden ist. Der einzige Weg, wie er die Erfahrungen, die er in diesem Zustand macht, beschreiben kann, ist der, dass er Symbole benutzt, die uns aus unserem Alltag bekannt sind und in einer Analogie zu dem stehen, was ihm widerfährt. Symbole drücken auf einer Ebene, die dem Alltagsverständnis zugänglich ist, Vorgänge aus, die in einer anderen Bewusstseinsverfassung gemacht werden. Der Zusammenhang läßt sich vergleichen mit den Berichten von Primitiven, die auf eine höher entwickelte Kultur treffen und die moderne Welt in ihren Begriffen beschreiben. Symbole sind Verbindungen zwischen dem Bekannten und dem Unbekannten, dem äusseren und dem inneren Raum.

Kleinere und grössere Mysterien

Das alles bedeutet aber nicht, dass das gesamte okkulte Wissen lediglich in Metaphern vermittelt werden könnte. In der Magie gibt es die kleineren und die grösseren Mysterien. Die ersteren bilden eine Art Grundlage und sind prinzipiell allen zugänglich. Die grösseren Mysterien können nur durch eigene Erfahrungen verstanden werden, weil sie nicht in Worten mitzuteilen sind. Alles was man tun kann, ist, dem Schüler Symbole anzubieten, die er wie Linsen benutzen kann, um seine eigenen verschwommenen Ahnungen darauf zu konzentrieren, dass es in dieser Welt etwas Grösseres als ihn selbst geben könne. Das ist auch der Grund dafür, dass es völlig sinnlos ist, nach Büchern zu suchen, die die wirklichen Geheimnisse enthalten. Solche Bücher gibt es nicht. Bücher und Lehrer können lediglich ein paar Wege anbieten, um sich auf die Suche nach der Weisheit zu machen, die doch nirgendwo anders als im Suchenden selbst liegt.

In einem seiner Bücher klagt Aleister Crowley, dass ihm bei seiner Initiation nur ein paar astrologische Symbole und wenige banale Einzelheiten, die ihm schon bekannt waren, übermittelt wurden. Und doch ist das alles, was eine halbwegs seriöse Gruppe weitergeben kann: ein Schema von Symbolen, die der Schüler in sich selbst zu entwickeln lernen muss. Das ist eine herbe Enttäuschung, die wir überwinden müssen, denn wir neigen dazu, von einem enzyklopädischen Wissen über magische Rituale und die Strukturen eines Superbewusstseins zu träumen und erwarten eher mehr oder komplizierteres Wissen als weniger. Aber was ist der Wert von gehorteten okkulten Wissensfragmenten, wenn diese nicht die eigene Entwicklung fördern? Das wäre ungefähr so, als wenn ein kleines Kind eine Sammlung von Liebesgedichten und Liebesgeschichten über die Schönheit des Sich-Verliebens anlegt. Ein solches Kind mag in die Pubertät kommen und alle Symptome und Auswirkungen dieses Zustands theoretisch kennen, aber all dies Wissen wird sich angesichts der Wirklichkeit in Nichts auflösen. In ähnlicher Weise könnte sich ein Schüler zum Beispiel mit dem Gott Hermes beschäftigen und eine einigermassen klare Vorstellung vom Wesen dieses Gottes gewonnen haben, aber bis zu dem Moment, in dem er eine *wirkliche* Verbindung zu diesem Gott hergestellt hat, wird er nichts wirklich über ihn *wissen*.

In der westlichen Magie gibt es im Grunde nur zwei wirklich bedeutende Symbole: das keltische Kreuz und den Baum des Lebens. Alles andere liegt in unserer Hand, denn es gibt kein Dogma, keine Geheimlehren, keine großen Adepten, noch irgendeine andere Kraft, die uns helfen oder daran hindern könnte, diese Diagramme in innere Wirklichkeiten zu transformieren.

Im Grunde sollten wir an diesem Punkt das Buch schliessen, aber angesichts der sattsam bekannten menschlichen Natur scheint es geraten, den Schüler durch die Vielzahl – manche würden sagen das Durcheinander – der Symbole zu führen. Aber wir sollten dabei nicht vergessen, dass es nur zwei wirklich wichtige Symbole gibt, das gleicharmige keltische Kreuz und den Lebensbaum. Ohne diese beiden Symbole zu begreifen, bleibt auch der Zugang zu den anderen versperrt. Diese beiden Symbole sind die elektrischen Schaltkreise, deren Aufladung wir versuchen werden.

Und wir müssen uns daran erinnern, dass all die Bilder, die wir entwerfen, unsere eigenen Produkte sind. Wenn wir von Göttern und Göttinnen, von Engeln und Erzengeln sprechen, sind das Personifizierungen abstrakter menschlicher Qualitäten und wir benutzen diese Figuren, um unserem Geist etwas zu geben, an dem er sich festhalten kann. Diese Bilder werden benutzt, um einen Kontakt zu einer inneren Intelligenz herzustellen, das sie symbolisierende Bild aber ist eine subjektive und damit in bestimmtem Ausmaß zufällige Schöpfung unseres Geistes. Wenn wir beispielsweise ein eher traditionelles magisches System benutzen und den Erzengel Gabriel anrufen, der in symbolischer Verbindung zum Element Wasser steht, müssen wir uns daran erinnern, dass

Wasser das materielle Pendant zu einer bestimmten Qualität unserer Psyche ist; die Gestalt Gabriels ist ein Symbol für diese Qualität auf einem bestimmten Stand der magischen Operation. Wie wir später zeigen werden, gibt es Symbole, die benutzt werden können, wenn die jüdisch-christlichen Symbole keine sympathetische Verbindung zu den psychischen Qualitäten mehr herstellen können, aber in jedem Fall sind sie Produkte *unserer* Phantasie. Dieser Punkt kann gar nicht häufig genug wiederholt werden.

Gedankenverbindung

Schüler, die anfangen, sich mit der Kabbala zu beschäftigen, werden ziemlich schnell verschiedene Bücher finden, die sich in der Zuordnung der Symbole zu den verschiedenen Sphären widersprechen. Die Wahrheit ist in diesem Falle, dass jede Quelle recht hat, wenn sie Resultate durch Gedankenverbindung hervorbringt.

Wir alle haben bestimmt schon den Helden im Film gesehen, der einen Bösewicht zwingt aufzugeben, indem er zum Revolver greift, ohne ihn zu ziehen. Bei diesem Vorgang ist als psychologischer Mechanismus eine Gedankenverbindung am Werk gewesen. Der Bösewicht weiss, dass, wenn der Revolver einmal gezogen, entsichert und abgefeuert wird, eine chemische Reaktion eintritt, deren Effekt höchst unangenehm ist. Die einfache Geste weckt starke Angstgefühle. Ausserdem zeigt die Geschichte, dass wir aus Symbolen das entnehmen, was wir vorher in sie hineininterpretiert haben. Der unwissende Wilde hätte vor dem Revolver keine Angst, weil er die Geste des angedeuteten Revolver-Ziehens nicht mit dem sofortigen Tod in Verbindung bringen würde.

Ein verwegenes Beispiel? Nicht wirklich. Die Gesetze der Magie sind die Gesetze, die die Evolution steuern. Es ist die Aufgabe des Magiers, diese Gesetze in jedem Lebensbereich in ihrer Wirkung zu sehen, ohne Rücksicht darauf, wie banal oder lächerlich sie aussehen mögen.

Wenn wir mit den Bildern des Lebensbaums und des keltischen Kreuzes arbeiten werden, werden wir so viel von uns selbst in bestimmte Felder hineinprojizieren, dass, wenn wir uns entschliessen, diese Kraft wieder freizusetzen, wir das tun können und unser Bewusstsein entlang von uns gewählter Linien und mit einer von uns bestimmten Intensität steuern können. Bei einiger Übung sollte z. B. die Anrufung des Gottes der Sphäre der Sonne in uns den Sinn für Schönheit und vollkommenes Gleichgewicht erwecken und entflammen, also Qualitäten, die mit dieser Sphäre des Lebensbaums verbunden sind. Eine wirkliche Veränderung des Bewusstseins. Ein echtes Stück Magie.

Für alle, die nichts weiter als magische Kräfte zu erlangen erwartet haben, ist das wahrscheinlich eine Enttäuschung. Ja, man kann ruhig sagen, dass Magie solche Kräfte verleihen kann, wenn der Schüler seine Ziele wirklich so gering ansetzt. Aber wäre es nicht klüger und weitblickender, nach wirklicher Weisheit, echtem Verständnis und dem Einblick in das Leben und alles Lebendigen zu streben?

Und wenn es nur ein Lichtfleck ist, den die Magie dem modernen Leben zurückgeben kann. Sie gibt uns die Chance, das Wunderbare im Alltäglichen zu entdecken. Auf einem Planeten, der leidet und vielleicht stirbt, kann sie uns ein wenig Romantik zurückgeben, uns einen Blick in innere Welten und Dimensionen jenseits dieser Welt werfen lassen. Das alles hat mit Flucht wenig zu tun. Jeder, der täglich mit den verschiedensten Facetten der Magie arbeitet, theoretisch und praktisch, und den Tribut, den Magie fordert, zahlt, und der darüber hinaus einen Arbeitstag hinter sich gebracht hat und versucht, seiner Familie ein angenehmes Leben zu ermöglichen (was ebenfalls keine leichte Aufgabe ist) wird wissen, dass die echte Flucht die ist, den eigenen Kopf niederzumachen und die Gedanken über die Möglichkeiten des Geistes zu ignorieren. Der magische Weg ist ein einsamer und schwieriger Weg, der parallel zu den alltäglichen Pflichten beschritten werden muß, und der Alltag ist ebenso einsam und schwierig zu bewältigen.

In bestimmter Weise brauchen wir Magie heute mehr als je zuvor. Der Schweizer Psychologe C. G. Jung hatte in Bollingen am Rande eines Sees einen Turm, den er selbst entworfen hatte. Es gab in diesem Turm keinerlei moderne Annehmlichkeiten, und er war von der Aussenwelt völlig abgeschlossen. Jung wollte mit seiner elementaren Natur in Berührung bleiben, und er ging zu diesem Turm, wenn er das Bedürfnis hatte, allein zu sein, mit sich selbst zu kommunizieren oder zu schreiben. Für ihn war es eine lebenswichtige Tatsache, dass der westliche Mensch die Magie wiederentdeckt hatte. Er sah das Leben im Licht von Mythen und Ritualen und der Suche nach religiösen Werten. Neben all den selbsterklärten Adepten und Hohepriestern war Jung der grösste Magier dieses Jahrhunderts. Er war ein Mann, der sich alles selbst beigebracht hatte, ohne den leisesten Fingerzeig tibetanischer Lamas, Sternenmenschen oder archaischer Mystiker, die ihr Geheimwissen über Deckadressen vertreiben.

Um schliesslich diejenigen zu beruhigen, die zwar von der Magie sich angezogen fühlen, aber «rationale» Widerstände verspüren, von Göttern, Göttinnen und Engeln zu sprechen, können wir ein Wort von Brodie-Innes, das ich aus meiner Erinnerung wiedergebe, zitieren: «Ob es Götter oder Dämonen gibt oder nicht, ist nebensächlich, wichtig ist nur, dass sich das Universum verhält, als ob es sie gäbe.» Mit dieser Feststellung im Hinterkopf und mit dem Verständnis der magischen Schemata als Paradigmen, können wir uns auf den Weg machen, gleich welche Richtung wir wählen wollen.

Die magische Philosophie

Hier müssen wir zunächst sehen, was mit dem Begriff Kabbala (im engl. Original «qabalah») gemeint ist. Zum einen lässt sich das Wort von den hebräischen Buchstaben QBL ableiten und bedeutet wörtlich übersetzt «vom Mund zum Ohr», was auf eine mündliche Überlieferung hinweist. Andere Schreibweisen lauten «kab(b)alah» oder «cabala». Das System, mit dem wir es hier zu tun haben, ist jedoch eine moderne Version, die ihren Ausgang von der Glyphe des Baums des Lebens nimmt. Diese Glyphe ist nur ein Aspekt der Kabbala, aber es ist der Aspekt, der in bezug auf unser Unterfangen die grössten Möglichkeiten bietet.

In seiner jetzigen Form wurde das System von Okkultisten des Order of the Golden Dawn und ähnlicher Gruppen entwickelt. Insofern ist es nicht, wie manche annehmen mögen, vorsintflutlich, vormittelalterlich oder vorchristlich. Vom Standpunkt eines Puritaners aus gesehen, hat diese Kabbala-Interpretation kaum noch etwas mit der orthodoxen Auslegung zu tun.

Was nur recht und billig ist. Unsere Sprache, unsere Sitten, unsere Kleidung, unsere Musik, unser Lebensstil hat sich im Laufe der Jahrhunderte verändert, und so musste sich auch die Magie verändern.

Es gibt viele Begriffe und Bilder im modernen System der Kabbala, die hebräischen Ursprungs sind. Aber nach allem, was wir über die Anwendung von Symbolen gesagt haben, können Begriffe und Bilder nichts weiter sein als «leere Gefässe», die wir mit unserer Substanz füllen müssen. Es gibt keinen Anlass zur Sorge, dass wir dabei unterschwellig von jüdischem Gedankengut unterwandert werden. Hebräisch wird hier, wie im Mittelalter Latein, zur Verständigung über Sprachgrenzen hinweg benutzt. Und wie wir später sehen werden, gibt es keinen Grund, warum wir nicht die Kabbala entsprechend einer keltischen oder angelsächsischen oder der Tradition unseres eigenen Landes gemäss auslegen sollten. Jeder, der das tut, ist zu begrüssen.

Bevor wir aber einen solch ehrgeizigen Schritt wagen, sollten wir uns vor Augen führen, wie andere Leute mit dem Symbol des Lebensbaums umgegangen sind, damit wir uns entscheiden können, wie wir selbst am besten fortfahren, wenn wir genügend eigene Erfahrung gesammelt haben.

In diesem Buch ist es allerdings nur möglich, eine Einführung in die Philosophie zu geben, die hinter dem Baum des Lebens steht. Alles Weitere würde den Leser zu schnell entmutigen. Interessierte Schüler werden sich ohnehin auf die Suche nach weiteren Werken begeben und sich so im Einklang mit sich selbst weiterentwickeln. Was also ist der Baum des Lebens?

Zunächst einmal ist er ein Diagramm, das die im Universum wirkenden Kräfte aufzeigt. So wie die Astrologie den menschlichen Charakter in zwölf verschiedene Typen aufgliedert, unterscheidet das System des Lebensbaums zehn Kategorien, die die Qualitäten alles Lebens symbolisieren. Wenn wir jede Sphäre oder Sephira (pl. Sephirot) einzeln oder in bezug zueinander studieren, lernen wir die Funktionsweise des Lebens auf jeder Ebene kennen. Um all das besser zu verstehen, fangen wir bei der Spitze des Lebensbaums an und arbeiten uns dann langsam abwärts.

Die Bewegung der schöpferischen Energie

Kether, die höchste Sphäre, stellt das Absolute, Gott, die erste Ursache, dar, die sich aus dem absoluten Nichts von Ain Soph Aur manifestiert. Kether ist die Spitze des mittleren Pfeilers, der von der rechts- und linkshändigen Säule, den positiven und negativen Energien, flankiert wird. Von der ersten Sphäre geht die Energie aus und steigt den Baum des Lebens herab, durch die anderen Sphären hindurch, bis zur

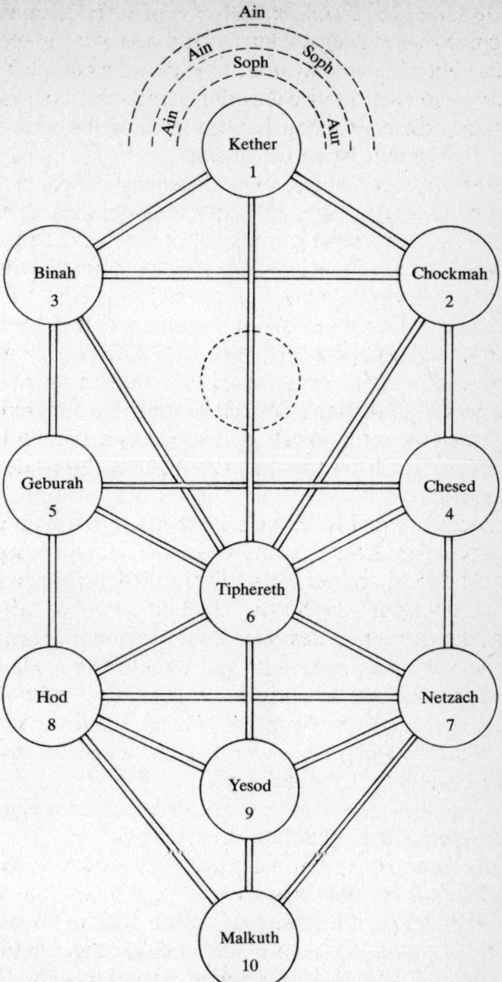

Abb. 1: Der Baum des Lebens

Ebene der materiellen Manifestation, die durch Malkuth symbolisiert wird. Dieses «Absteigen» ist nicht im wörtlichen Sinn zu verstehen, es ist nur eine Annäherung an die Vorgänge, die auf den verschiedensten Ebenen stattfinden. Die schöpferische Energie fliesst dann im Zick-Zack durch die Sphären, wie an der Numerierung auf der Abbildung deutlich wird. Dieser Energiefluss ist am ehesten auf der Ebene einer Analogie zu beschreiben, und wenn dieses System der Offenbarung vom Schüler verstanden wird, ist er auf dem besten Weg, den ursprünglichen Symbolismus des Baums des Lebens zu verstehen.

Man stelle sich also Spuren brennbarer chemischer Substanzen unterschiedlicher Dichte vor, die, sich berührend, nebeneinander angeordnet sind. Die feinste Substanz am einen Ende wird von Kether repräsentiert, die undurchdringlichste am anderen Ende ist Malkuth. Die anderen Sphären werden von den dazwischenliegenden Substanzen dargestellt.

Man stelle sich dann vor, dass die Chemikalie, die für Kether steht, angezündet wird. Indem die Flamme auf die nächste Chemikalie übergreift, wechselt sie, den verschiedenen Substanzen, die es verzehrt, entsprechend, Form und Farbe.

Wenn man diese Analogie auf ihr spirituelles Gegenstück anwendet, hat man eine sehr vage Vorstellung, um was es in der kabbalistischen Lehre geht (ausgehend von der Voraussetzung, dass Feuer ein kontinuierlicher Prozess ist).

So wie jede Chemikalie in unserem Beispiel eine andere Flamme produziert, so erschafft jede Sphäre eine andere Qualität geistigen Lebens, die das Leben auf jeder Ebene und in jedem Grad beeinflusst.

Ausgleichende Kräfte

Jede Sphäre ist mit gewissen Charakteristika ausgestattet, die uns hier, auf der materiellen Ebene, Malkuth genannt, beeinflussen. Um das zu illustrieren, schauen wir uns Chesed und Geburah an.

Chesed stellt die schöpferische Energie dar, Kräfte, die

mit Gnade im weitesten Sinn zu bezeichnen sind. Geburah, das Gegenstück auf der anderen Seite des Lebensbaums, steht symbolisch für zerstörerische Energie, reinigende und destruktive Kräfte, die nötig sind, um Chesed entgegenzuarbeiten. Chesed baut Formen auf, ob das nun Häuser oder Charaktere sind. Geburah zerstört sie, wenn sie sich in ihrer Nützlichkeit überlebt haben. Und Chesed baut aus diesen Ruinen neue, grössere Charaktere. Auf der materiellen Ebene betrachte man das grosse Feuer von London und auf der spirituellen Ebene beobachte man, wie Menschen aus ihre Sicherheit bedrohenden Katastrophen hervorgehen, indem sie eine neue, sichere Charakterstruktur errichten.

Übersetzt bedeutet Chesed «Gnade» und Geburah «Gerechtigkeit». Sie werden im Gleichgewicht gehalten von Tipheret, der Schönheit und dem vollkommenen Gleichgewicht, dem Ausdruck von «Liebe».

Derselbe Gedanke ist auf die beiden anderen Zwillingspaare Binah-Chokmah und Netzach-Hod anzuwenden.

Die entgegengesetzten Kräfte der äusseren Sphären finden ihr Gleichgewicht in der Sphäre des mittleren Pfeilers, und in dieser Konstruktion liegt eine wichtige Lehre, die zu lernen ist. Die Lektion beinhaltet, dass jeder Mensch eine ausbalancierte Persönlichkeit aufbauen muss, bevor er sich den praktischen Geheimnissen widmen kann. Er muss lernen, seine inneren Kräfte ins Gleichgewicht zu bringen, indem er die unerwünschten Eigenschaften mit ihrem Gegenteil in Verbindung bringt. Natürlich ist das eine ziemlich vereinfachte Erklärung. Manche mögen sagen: zu sehr vereinfacht. Aber hier sollte man sich erinnern, dass der Sinn dieses Buches nicht der ist, dem Leser eine grundlegende Einführung zu geben, was sich hinter der Philosophie des Lebensbaums alles verbirgt. Statt dessen ist es ein Versuch zu zeigen, wie magische Traditionen und Techniken daraus *erwachsen.* Die folgende Beschreibung der Sphären sind als Leitlinien zu verstehen. Und nun werden wir den Lebensbaum studieren, von der Quelle aus angefangen.

Ain Soph Aur

Dies ist vielleicht das Kapitel, welches am schwierigsten zu verstehen ist, weil es keine konkrete Möglichkeit gibt, den ihm innewohnenden Sinn zu beschreiben. Es ist das abstrakteste und zugleich das wichtigste Konzept von allen, denn in Ain Soph Aur nimmt alles seinen Anfang.

Seine Übersetzung lautet: Ain – *das Nichts.* Ain Soph – *grenzenlos.* Ain Soph Aur – *grenzenloses Licht.*

Von seinem Wesen her ist es das absolute Nichts, das selbst Kether vorausgeht. Wir können es nicht darstellen, indem wir mit Worten jonglieren. Wir können nur versuchen, eine vage Form von Vorverständnis zu finden, und hoffen, in sie hineinzuwachsen.

In der östlichen Tradition bedeutet Ain Soph Aur Nirvana. Aber das heisst nicht, dass wir über eine mystische Erfahrung reden; dazu wird sie nur, wenn Menschen sie machen. Ain Soph Aur ist die Quelle, aus der alles entsteht. Diejenigen, die mit der theosophischen Schule vertraut sind, mögen das als die Vorstellung von den «Tagen und Nächten Brahmas» kennen. Diese Idee beinhaltet, dass in weitläufigen Zyklen das gesamte manifeste Universum ins Nichts zurückkehrt. Dies ist das Nicht-Manifeste, der Schleier der negativen Existenz oder Ain Soph Aur.

Man benutzt die Analogie zum Licht, weil Licht das abstrakteste, substanzloseste Symbol ist, das wir zur Verfügung haben.

Man versuche sich vorzustellen, wie das absolute Nichts in einem sich konzentrierenden Punkt immer dichter wird, bis Kether, die erste Sephira, oder Sphäre, sich manifestiert. Kether ist grenzenloses Licht in seiner Ausdehnung.

Verwirrend? Vage? Zweifellos. Aber man lasse sich nicht abschrecken. Niemand kann dieses Konzept verstehen, ohne es ganz erfahren zu haben, und das bedeutet, selbst die Göttlichkeit zu transzendieren. Aber wohin führt das alles? Was ist die praktische Bedeutung dieses Konzepts?

Die von uns aufgestellte Definition von Magie bedeutet,

dass der Magier Rituale benutzt, um die geistige Welt innerhalb seiner selbst aufzubauen.

Wenn wir also das Konzept des absoluten Nichts von Ain Soph Aur studieren und so weit wie möglich auf uns anwenden, bedeutet das, dass alles, was vom Bewusstsein seinen Ausgang nimmt, von anderen Kräften nicht behindert werden kann, weil es jenseits des Bewußtseins keine anderen Kräfte gibt. Das Nichts ist der letzte Grund hinter all unserem Wissen und Verständnis. Es ist die absolute Gewissheit, auf die alles sich bezieht. Alles, was während des Rituals vom Geist ausgeht, wird rein und unbefleckt von überlagernden Einflüssen sein. Das jedenfalls ist die ursprüngliche Idee.

Wenn wir uns den Bildern und Symbolen zuwenden, werden wir im Anhang dieses Buches bezeichnenderweise keine Ain Soph Aur zugeordneten Zeichen finden. Jedes mögliche Bild ist notwendigerweise zu konkret, um die negative Existenz des Nichts auszudrücken. Wir können nur Bilder der einfachsten Art benutzen, wie einen Kreis oder die Glyphe für Unendlichkeit mit dem Knoten, der Kether repräsentiert. Die meisten Symbole sind den Sphären zugeordnet, und da werden wir sie auch studieren, und so wenden wir uns jetzt Kether zu.

Kether

Das Wort *Kether* bedeutet «Krone». Und in der Tat ist Kether die Krone des Baums des Lebens. Alle königlichen Tugenden wie Kraft, Weisheit, Gerechtigkeit und andere archetypischen Qualitäten, die ein König haben sollte, werden durch Kether symbolisiert.

Kether bedeutet Allmacht, Allwissenheit, die erste Ursache. Häufig wird es auch gleichgesetzt mit der «Alten Zeit», dem Höchsten etc.

An der Spitze des mittleren Pfeilers des Baums des Lebens befindlich steht Kether für die Vollkommenheit Gottes. Und weil es die erste Sphäre ist, in der alles seinen Ursprung hat, ist Kether die göttliche Substanz aller Sphären.

Als spirituelle Erfahrung bedeutet es die Vereinigung mit Gott, jenseits derer nur noch das Nirvana liegt.

Aber wir dürfen uns nicht vorstellen, dass Kether die beste aller Sphären ist. Kabbalistische Lehrer bestehen darauf, dass jede Sphäre spirituell genauso notwendig und deshalb genauso heilig wie der Rest ist, dass Malkuth genauso heilig wie Kether ist.

Es gibt ein weites Spektrum von Symbolen für Kether, die wir getrennt behandeln werden. Hier haben wir es nur mit der Qualität und der Natur der Sphären zu tun, und so wenden wir uns zu

Chokmah und Binah

Chokmah bedeutet «Weisheit». Es steht an der Spitze des positiven, männlichen Pfeilers, mit der ganzen Bedeutung, die dieses Wort im archetypischen Sinn hat. Es ist die Kraft Kethers in Aktion, wenn Chokmah Binah erregt und auflädt mit Energie.

Binah bedeutet «Verstehen» und liegt Chokmah genau gegenüber an der Spitze des negativen oder weiblichen Pfeilers des Baums des Lebens. Es verhält sich empfangend zu den fliessenden Kräften von Chokmah und wird die «Grosse See» oder die «Grosse Mutter» genannt. Indem Chokmah der überirdische Vater ist, wird die Analogie zur menschlichen Sexualität deutlich. Es ist aber daran zu erinnern, dass die materielle Welt ein stumpfer Reflex der geistigen Welt ist, und nicht umgekehrt.

Chokmah und Binah sind Kraft und respektive Form.

Binah ist gleichbedeutend mit allem, was in Beziehung zu einer stabilen Form steht, die Leben ermöglicht. Symbole für Binah sind der Schoss und der archtypische Tempel. Chokmah ist die Kraft, die diese Gestalt mit Energie füllt. Es ist jedoch daran zu erinnern, dass beide *Ideen* sind, Ideen von Kraft und Form, die sich auf niedriger Ebene manifestieren.

Chesed und Geburah

Chesed (auch als Gedulah bekannt) bedeutet Gnade oder Mitleid. Wie wir schon früher angedeutet haben, ist es mit den aufbauenden Kräften verbunden.

Geburah ist verbunden mit Strenge, Ernsthaftigkeit und Gerechtigkeit, es zerbricht, zerstört und schwächt die Untugenden der Chesed-Nachsichtigkeit *mit* Gerechtigkeit ab. Es ist eine ausgleichende Kraft im höchsten Sinn.

Auf der menschlichen Ebene kann die Vernachlässigung der Kräfte Cheseds zur Nachlässigkeit, Scheinheiligkeit und Frömmelei führen. Werden die Kräfte Geburahs missbraucht, kann Grausamkeit, blinder Vandalismus und Zerstörung die Folge sein. Ein ausgewogenes Gleichgewicht ist vonnöten, wenn das Chaos nicht ausbrechen soll.

Geburah und Chesed sind jeweils dem Mars und dem Jupiter zugeordnet. Die Gedankenverbindung zwischen Mars und den Kräften des Kriegs ist offensichtlich. Die Natur Geburahs ist «kriegerisch». Die gewaltige Energie, der pure Wille und die strenge Disziplin dieser Sphäre drückt sich in dem Bild des Krieges aus. Jupiter steht dem gegenüber für Schutz, Väterlichkeit und Heiterkeit, einer Natur, die das Gegenteil der marsianischen Härte ist.

Geburah lehrt uns, dass es manchmal notwendig ist, Not zu leiden, Chesed hilft uns, nach solchen Katastrophen unseren Charakter neu aufzubauen und wieder Stabilität zu gewinnen.

Tipheret

Diese Sphäre bringt die Kräfte Cheseds und Geburahs ins Gleichgewicht. Tipheret ist die mittlere Sphäre des Baums des Lebens und steht in Verbindung mit Schönheit, Harmonie und vollkommenem Gleichgewicht. Es besitzt in seiner ausbalancierten Form die Güte Cheseds und die Leidenschaftlichkeit Geburahs.

Es ist den höheren Bewusstseinsprozessen verbunden und insofern dem Alltagsbewusstsein entgegengesetzt. Seine spirituelle Erfahrung schenkt die Vision der Harmonie der

Dinge, sein mystischer Symbolismus eröffnet die Dimensionen von Opfer und Kreuzigung.

Sein Planet ist die Sonne, die ernähren und zerstören kann mit ihrer Glut. Sonnentypen können stolz, eingebildet und egoistisch sein, sie können aber auch geweihte, von einer höheren Bestimmung erfüllte Menschen sein.

Tipheret ist den Sonnengöttern gewidmet, wie z. B. Christus. Seine Titel sind Der kleinere Herr, Der Sohn u.a.

Netzach und Hod

Netzach bedeutet «Sieg» und *Hod* «Ehre».

So, wie Netzach die Sphäre des Verstandes symbolisiert, ist Hod auf die Sphäre der Gefühle bezogen. Hod regiert die Ritualmagie, während Netzach mit Elementen und Naturkräften arbeitet.

Netzach steht in Verbindung zu den Sinnen und den Leidenschaften, dem reinen Schauer des Lebens und der Freude an den triebmässigen Vergnügungen. Sein Planet ist die Venus, die Göttin der Liebe und aller Dinge in der Natur. Netzach ist alles in einer Persönlichkeit, was spontan und instinktiv ist. Seine spirituelle Dimension ist die Vision der triumphierenden Schönheit, des Sieges der Schönheit.

Auf seinem höchsten Niveau ist Netzach gekennzeichnet als selbstlose Liebe, aber es gibt auch niedrigere Ebenen, Ebenen der rein animalischen Lust und eines Lebens reich an Ereignissen.

Hod ist der reflektierende Verstand, ein kalter, harter, intellektueller Geist, der zu Gefühlen unfähig ist, wenn er nicht von Netzach ausbalanciert wird. Es ist die Sphäre der Logik und des Einblicks, der Wahrheit und der Erleuchtung, genauso wie der Falschheit und Hinterlist auf höheren Ebenen der Geschicklichkeit.

Sein Planet ist Merkur, der die Botschaften vermittelt, die Beredsamkeit fördert und überhaupt alles unter sich hat, was mit dem Wort «quicklebendig» (merkurisch) gemeint ist. Sein griechisches Pendant Hermes ist für die magischen Künste verantwortlich, die auch als «hermetische Künste» bezeichnet werden. Dies ist die Ebene der Ritualmagie.

Yesod

Yesod bedeutet «Basis». Es ist bezogen auf das Unterbewusstsein, das der Grund oder die Basis unserer Persönlichkeit bildet. Darüber hinaus steht es in Verbindung mit der esoterischen Substanz, die der Grund des Lebens ist. Yesod bringt Hod und Netzach ins Gleichgewicht so wie Tipheret Chesed und Geburah ausbalanciert.

Sein Planet ist der Mond, der das Licht der Sonne (welcher Sonne?) reflektiert und an uns weiter strahlt. Die Gezeiten der See und die menschliche Seele werden vom Mond geleitet. Es wird behauptet, dass Yesod das Wachstum der Menschen beeinflusst, und es ist mit der Periode der Frauen verbunden.

Die Bilder und Phantasien, die unser Geist erschafft, entstehen im Astrallicht – unaussprechlich und geschmeidig – und dies ist die Natur von Yesod, eine Natur, die auch als kollektives Unbewusstes oder *anima mundi* bezeichnet wird. Die Kraft Yesods ist die der Unabhängigkeit, einer Unabhängigkeit, die der erlangt, der die anderen nicht mehr zu seiner Unterstützung braucht, weder physisch, noch seelisch, noch geistig. Dies ist die Unabhängigkeit, die auf dem okkulten Weg vonnöten ist. Es ist die Erkenntnis, dass nur du, du allein, in dich selbst gehen und dich entwickeln kannst. Es ist die Einsicht, dass Evolution harte Arbeit bedeutet. Der Hauptfehler von Yesod ist die Eitelkeit und die Faulheit, die den Neophyten daran hindert, seinem Pfad zu folgen, bis er seine Kraft verliert und zum Stillstand kommt.

Malkuth

Malkuth, das Königreich, ist die irdische Welt. Es ist die letzte Sphäre, die alle anderen in sich beinhaltet und die den weniger starken physikalischen Kräften ihre Form gibt.

Malkuth ist keinem besonderen Element zugeordnet, weil es sie alle enthält, denn die vier Elemente machen die Essenz der Existenz von Malkuth aus. Trotzdem sollten magische Operationen mit der Kraft der Erde von Netzach geleitet werden, dessen Symbole die Venus und Ariel, d. h. Wachstum und Fruchtbarkeit, sind. Mehr davon später.

Einer der inneren Aspekte Malkuths ist mit der ätherischen Dimension verbunden und dem Tode, und einer der Titel Malkuths ist das «Tor des Todes».

Malkuth ist die Grundlage aller Ritualmagie, denn der Symbolismus in Verbindung mit den geistigen und gefühlsmässigen Kräften von Netzach, Hod und Yesod versucht, den Magier höher in den Baum des Lebens einzuführen.

Die verborgene Sephira – Daath

Und nun werden wir den Leser damit überraschen und schockieren, dass es noch eine verborgene Sephira gibt, Daath. Dies ist die gestrichelte Linie zwischen Kether und Tipheret.

Moderne Kabbalisten sind der Meinung, dass Daath eine weitere Sphäre ist, und es gibt eine ganze Menge Diskussionen über den Sinn und den Symbolgehalt dieser Sphäre. Wir müssen sie hier erwähnen, weil sie eine bestimmte Bedeutung bei einer Übung mit dem mittleren Pfeiler des Lebensbaums hat, über die wir später reden werden.

Von seiner Essenz her kommt Daath die Bedeutung der Brücke über dem Abgrund zu, die die Göttlichkeit von dem, was nicht ganz göttlich ist, trennt. Der Abgrund hindert all das, was weniger als perfekt ist, die obere Dreieinigkeit zu erreichen. Der Abgrund kann mit Hilfe von Daath überquert werden. Daath bedeutet «wissen» – das Wissen, das aus Erfahrungen erwächst. Dies ist alles, was wir für unsere praktischen Zwecke wissen müssen.

Wie man seine eigenen Erfahrungen in Beziehung zu den Symbolen des Baums des Lebens setzt

Wir haben uns also kurz durch den Baum des Lebens hindurchgearbeitet. Man möge sich daran erinnern, dass *jeder* Aspekt einer Erfahrung einer oder mehreren Sphären zugeordnet werden kann und wir müssen versuchen, dies mit allen Dingen dieser Welt zu tun. Z. B. sehen wir einen strengen Vater, der ein ungezogenes Kind prügelt. Das wäre Geburah in Aktion. Später mögen wir denselben Mann sehen, voller Mitleid und dem Wunsch zu vergeben und sehen, dass diese Haltung eine Chesedhaltung ist. Schliesslich sehen wir Vater und Sohn versöhnt und glücklich und sind sicher, dass das Tipheret, die Sphäre der Harmonie, ist, deren Gegenwart das Paar ausfüllt. Ein Arzt, der einen Anruf erhält und der über Land fährt, seine Fähigkeiten einzusetzen, um jemand zu heilen, ist ein Beispiel für Hod in Aktion, denn der Planet des Merkurs ist verbunden mit Kommunikation, Reisen, dem Verstand, und dem Heilen von Wunden und Verletzungen. Ein Knabe, der einen Liebesbrief schreibt und seine Liebeswerbung plant, mag auf seine eigenen Phantasien hereinfallen, während er die ganze Zeit mit seinen wachsenden Lüsten kämpft. Das wäre ein Beispiel für Hod, Netzach und Yesod am Werk. Erinnern wir uns an Binah's Titel «Sorgen» und den Namen, der «Verstehen» bedeutet, so können wir verstehen, dass einer der höchsten Werte daraus entsteht, dass wir unsere Sorgen und Leiden verstehen. Angesichts der dynamischen Energie von Chokmah mögen wir Blakes Wort in Erwägung ziehen: «Die Strasse des Übermasses führt in den Palast der Weisheit.»

Hier ist ein Studium der Astrologie eine grosse Hilfe, denn der Charakter jeder Sphäre ist einem Planet zugeordnet. In der praktischen Magie können wir diese Verbindungen zu unseren Gunsten benutzen. Z. B. würde man ein Ritual mit den Kräften Geburahs am Dienstag zu der Stunde, die vom Mars regiert wird, durchführen (Dienstag wird von Mars regiert). Ob zu dieser Zeit an diesem Tag wirklich kosmische Kräfte vorhanden sind, die das Ritual verstärken oder nicht, ist unwichtig. Indem man sich entscheidet, das Ritual diesem Schema entsprechend zu vollziehen, eignet man sich einen bestimmten Teil der eigenen Seele an, mit deren Hilfe es leichter wird, «abzufliegen», um es so auszudrücken.

Natürlich können wir nun langsam anfangen, den Baum

des Lebens auf mehreren Ebenen zu sehen: makrokosmisch gesehen, repräsentiert er die Struktur des Universums und die Kräfte, die das Leben formen, mikrokosmisch repräsentiert er die inneren Strukturen des Menschen und die Qualitäten, die das Selbst ausmachen, das versucht, sich gegen das Universum zu behaupten. Dies ist eine Umformulierung des alchimistischen Spruches: «Wie oben – so unten.» Der Mensch ist eine Miniatur des Universums.

Die Bedeutung der Zahlen und Farben

Obwohl es einen ganzen, *gematria* genannten Zweig der Zahlenmagie gibt, ist diese Form der Magie etwas, von dem ich das Gefühl habe, dass es von nur begrenzter Bedeutung für einen modernen Magier ist. Einfacher gesagt, können wir feststellen, dass jede Sphäre numeriert ist, um die absteigende Bewegung zu verdeutlichen, so dass Chesed mit vier bezeichnet wird und Netzach mit sieben. Insofern würde ein Quadrat Chesed symbolisieren, ein wunderschöner siebenarmiger Stern Netzach und die Venus. Wer z. B. in der Sphäre von Netzach arbeitet, mag aus demselben Grund sieben Kerzen zu einem Stern arrangieren, den wir aufgeführt haben, als wir über das Ritual Geburahs, der Kräfte des Mars und der Zeit des Dienstags sprachen. Wenn ein Ritual abgeschlossen ist, mag der Magier zehnmal auf den Boden klopfen, um anzudeuten, dass er bereit ist, sein Bewusstsein auf die Ebene Malkuths, die zehnte Sphäre, zurückzuschicken.

Auch die Farben haben bestimmte Bedeutungen. Jede Sphäre hat ihre eigene bestimmte Farbschwingung. Bei fortgeschrittenem Studium wird man in diesem Bereich komplizierte und vielfältige Strukturen entdecken, an dieser Stelle jedoch reicht es aus, die grundsätzlichen Zuordnungen aufzuführen. Wir sollten hier noch anfügen, dass die Systematik der Farben keineswegs ein wissenschaftliches System ist. Viele Populär-Okkultisten neigen dazu anzunehmen, dass eine bestimmte Farbe eine ganz bestimmte Bedeutung hat, aber zuviel Nachdruck darauf führt einfach nur dazu, den ganzen

Bereich zu trivialisieren. Insofern sind die Zuordnungen der Farben zu den Sphären in genau demselben Licht zu begreifen, wie alle anderen Symbole auch.

Malkuth wird traditionellerweise Zitronengelb, Olivgrün, Rotbraun und Schwarz zugeordnet, Farben, die auf die Elemente, wie sie in der Natur erscheinen, hinweisen.

Yesod wird symbolisiert durch Silber-Violett oder Violett-Blau, Farben, die die besondere Qualität des Mondschattens wiedergeben sollen.

Hod hat die Farbe Orange, um die Qualität des Verstandes auszudrücken, während Netzach, dazu im Komplementärverhältnis stehend, grün ist, weil diese Sphäre eine Verbindung zu den Gefühlsschwingungen, die uns eine grüne Landschaft vermitteln kann, steht.

Tipheret ist für gewöhnlich rosa mit goldenen Flecken, aber es ist so sehr eine Symbolisierung der Sonnensphäre, dass jede Farbkombination hinter der Strahlung des Sonnenballs zurückbleiben muss.

Geburah, die Sphäre des Krieges, wird einleuchtenderweise mit Rot gleichgesetzt, während Chesed die Schattierung eines satten Blaus hat.

Binah, die Sphäre der Sorge, ist schwarz, während Chokmah, die Sphäre, die dem Göttlichen am nächsten ist, in Regenbogenfarben irisiert.

Kether selbst ist jenseits des Bereiches der reinen Farben und wird als reiner Glanz beschrieben.

Um zu dem zurückzukehren, was wir über das Geburah-Ritual gesagt haben, können wir das Bild erweitern und sagen, es müsste am Dienstag stattfinden, zu der dem Mars geweihten Stunde, mit Rot als beherrschender Farbe und dem Pentagon als beherrschendem Symbol.

Die Namen der Macht

Die Namen der Macht faszinieren verständlicherweise die meisten Leute. Wir alle sind in der Vorstellung gefangen, dass ein paar magische Worte alles für uns tun können. Aber Namen, wie unsere Namen, sind nichts anderes als Schlüssel.

Wenn wir hören, dass uns jemand ruft, dann kommt es darauf an, wer das tut und wie er es tut, und je nach dem reagieren wir in unterschiedlicher Art und Weise. Jeder Lehrer weiss, dass er bei jeder neuen Klasse als erstes die Namen der Kinder lernen muss. Dies ist der erste Schritt, um eine wirkliche Disziplin herzustellen und überdies gefühlsmässige Bindungen zu schaffen. Es gibt eine Theorie, die besagt, dass Namen gemacht worden sind, um psychische Zentren (Chakras) zu stimulieren, die wiederum in Verbindung mit bestimmten Sekretdrüsen stehen, aber das werden wir in einem anderen Kapitel behandeln. Es ist wahrscheinlicher, dass Namen Nonsenswörter sind, die wir mit allem möglichen Inhalt füllen können. Wie z. B. Kosenamen. Wenn während einer Beschwörung Namen aufgerufen werden, dann tun wir das, um Energieformen zu konzentrieren und das Bewusstsein entsprechend einer bestimmten Energiefrequenz während des Rituals zu transformieren.

Überhaupt sollte die Sprache der Sphäre, mit der man arbeitet, angepasst werden. Ein normaler Tonfall für Malkuth, eine strenge Stimme, um Geburah zu erreichen, und ein ehrfurchtsvolles Murmeln für Kether.

Wir sehen also, dass alles mit allem verbunden und in Beziehung gesetzt werden kann. Alles muss auf dieselbe Idee ausgerichtet werden, damit der Geist sich auf einen bestimmten Energiekanal konzentrieren kann. Der Grad der benötigten Konzentration ist sehr hoch, und man neigt häufig dazu, die Dinge zu zwingen. Aber sie sollten langsam und sorgfältig vollzogen werden, damit die volle Kraft der Vorstellung sich entfalten kann. Denn es sind die visualisierten Bilder jenseits ritueller Handlungen, die wichtig sind. Sie geben den Gesten Kraft und manifestieren eine Realität auf der Astralebene, d. h. auf der Ebene des Unbewussten.

Uns selbst erweitern

Aber warum? Mögen manche immer noch fragen. Warum sollten wir unser Bewusstsein zu Chesed erheben? Was wird da schon passieren?

Wenn wir zurückhorchen und uns erinnern, was wir über den Sinn der Magie gesagt haben, nämlich uns in bessere, weisere Menschen zu verwandeln, so wird mit Sicherheit jede Erweiterung unseres Bewusstseins, jede neue Erfahrung unseren Geist ausweiten. Es gibt eine Lektion darüber bei Charles Dickens in *A Christmas Carol*. Scrooge lebt den grössten Teil seines Lebens als Erwachsener in Gefühlen der Sinnlosigkeit, der Bitternis und einer abgrundtiefen Grausamkeit. Nach einer aussergewöhnlichen Erweiterung seines Bewusstseins erfährt er plötzlich, dass er in wohltuenderen Sphären leben kann. Er findet sich im Reich Jupiters oder Cheseds wieder, mit all seiner Weite, Menschlichkeit und seinem Sinn für Humor. Niemand kann leugnen, dass eine Bewusstseinsveränderung ihn nicht zu einem besseren Menschen machen könnte. Der einzige Unterschied ist der, dass in unserem Fall Magie als bewusst angewandter Weg benutzt wird.

Das Kreuz und die Elemente

Die andere Hauptglyphe, die in der westlich-magischen Tradition benutzt wird, ist das Kreuz im Kreis, das keltische Kreuz oder das gleicharmige Kreuz der Elemente, um nur ein paar Namen zu nennen. Es ist nicht mehr als ein Kreis, der durch ein Kreuz unterteilt wird, aber nichtsdestotrotz ist es ein genauso umfassendes Symbol wie der Baum des Lebens.

Im System des Baums des Lebens ist Malkuth die Sphäre der Elemente. Sie entspricht genau dem Kreuz im Kreis. Alle magischen Operationen, die im Rahmen des Systems des Baums des Lebens möglich sind, finden notwendigerweise auf der Ebene von Malkuth statt. Das Kreuz im Kreis ist daher der Ausgangspunkt, um den Baum des Lebens zu erklimmen. (Die anderen Sphären lassen sich ziemlich genau in das vierfache System einordnen, aber diese Zuordnungen werden wir uns für den Anhang aufsparen, um den Leser an dieser Stelle nicht zu sehr zu verwirren.)

Das Kreuz im Kreis

In der westeuropäischen Tradition, in der die Jahreszeiten klar gegeneinander abgegrenzt sind, war eine vierfach unterteilte Analyse der Geschehen des Himmels unumgänglich. Es war offensichtlich, dass der Tag sich in Morgen, Mittag, Abend und Nacht unterteilte, das Jahr hatte klar abgegrenzte Jahreszeiten, nämlich Frühling, Sommer, Herbst und Winter, und die Grundelemente, aus der sich die Welt zusammensetzt, waren als Luft, Feuer, Wasser und Erde bekannt.

Der Körper war z. B. Erde, das Blut Wasser, der Atem Luft und die Körperwärme Feuer.

Heutzutage könnten wir denselben Elementen feste Substanzen, Flüssigkeiten, Gase und Strahlungen zuordnen, aber es wäre nicht sehr klug, die alten Bezeichnungen durch neue zu ersetzen.

Es war (und ist) nur logisch, dass all diese Elemente auf den verschiedenen Ebenen Parallelen haben, die ins Unendliche auszudehnen sind. In Jungs System könnten die vier Elemente bestimmt werden als Sensationen (Erde), Gefühle (Wasser), Gedanken (Luft) und Inspiration (Feuer). In der Astrologie sind die zwölf Sternzeichen in vier Trinitäten unterteilt, die in Beziehung zu den Elementen stehen:

Feuer:	Widder, Löwe, Schütze
Luft:	Zwilling, Waage, Wassermann
Wasser:	Skorpion, Fische, Krebs
Erde:	Stier, Steinbock, Jungfrau

Wir können in der besonderen Anordnung der Elemente einen Prozess erkennen, innerhalb desselben die Dichte der Elemente, vom Feuer abwärts gelesen, zunimmt. Das entspricht wiederum den sogenannten Vier-Welten der Kabbalisten, die wie folgt kategorisiert werden können:

Feuer	Atziluth	Offenbarung
Luft	Briah	Schöpfung
Wasser	Yetzirah	Gestaltung
Erde	Assiah	Handlung

Dies wird vielleicht beim dringenden Verlangen, ein Bild zu malen, sichtbar. Ein Funke (eine Offenbarung) blitzt in der Seele des Künstlers auf, ein Funke, der kaum wahrnehmbar ist wie ein noch nicht gedachter Gedanke. Und doch breitet sich der Funke aus und verdichtet sich zu dem Impuls, etwas zu malen (Schöpfung), der nach und nach eine bestimmte Form annimmt (Gestaltung) und mit viel Mühe und Tatkraft (Tat) in ein Bild umgesetzt wird.

Wir können also sehen, dass mit Hilfe der vier Elemente subtile und kaum fassbare Prozesse wie die von Gedankenverbindungen erklärbar werden. Wir beziehen uns auf sie als die vier Grunddimensionen unserer materiellen und unserer geistigen Welt. Wenn wir eine kleine Liste der Entsprechungen machen, sieht diese bis jetzt wie folgt aus:

Feuer/Strahlung/Sommer/Löwe/Stäbe/Schöpfung
Luft/Gas/Frühling/Wassermann/Schwerter/Schöpfung
Wasser/Flüssigkeiten/Herbst/Skorpion/Kelch/Gestaltung
Erde/feste Substanzen/Winter/Stier/Schild/Handlung

Natürlich kann man diese Liste endlos erweitern, und wir werden in einem späteren Kapitel noch einige weitere Attribute hinzufügen, aber hier reicht es aus zu zeigen, dass die Elemente selbst als materielle Manifestationen keinen eigenen Wert haben. Ihre Bedeutung liegt darin, dass wer auch immer in einem Viertel eines magischen Kreises steht, sich all dieser Symbole bewusst ist, weil sie ihm eine bestimmte Ausrichtung seines Geistes ermöglichen.

Das Zeichen des Kreuzes im Kreis ist ein Mandala. Als Symbol bedeutet es: eine Seele im perfekten Gleichgewicht. Wenn wir praktische Magie betreiben, ist es dieser Zustand, nach dem wir trachten. Ein Mensch z.B., der sehr «luftig» ist, sollte danach trachten, auch die Qualitäten der anderen Elemente in sich zu entdecken. Sein Ziel ist, wie immer, ein Ganzes zu werden. Das Kreuz im Kreis ist auch die Grundlage für die meisten magischen Rituale in Gruppen – das bedeutet, die Arbeit mit Menschen, die im Einklang zueinander stehen. Damit werden wir uns in einem anderen Kapitel beschäftigen.

Vier Formen des Göttlichen

Traditionelle Magie arbeitet mit den Bildern der vier Erzengel, die in den Vierteln des Kreuzes im Kreis stehen. Es sind: Raphael, Michael, Gabriel und Ariel. Sie sind die Hauptformen des Göttlichen, die häufig bei der magischen Arbeit verwendet werden.

Es gibt zwei verschiedene Erklärungsformen dafür, was diese Bilder bewirken.

Zum einen gibt es die Vorstellung, dass wir, indem wir diese Figuren mit Energie füllen (Figuren, die Personifikationen unserer eigenen, inneren Qualität sind), wir mit Hilfe der höher entwickelten Teile unserer Selbst, Signale in die innere Welt senden. Dies wird ab einem bestimmten Punkt damit beantwortet, dass sich innere Grössen bilden, die anhand der Qualität des Signals sich entscheiden können, ob sie sich mit uns verbinden und uns helfen wollen. Die Bilder sind dann die Kontakte zwischen uns und einer anderen Welt. Sie werden von den inneren Grössen als Vehikel benutzt. In einem sehr groben Vergleich könnte man sagen, es ist, als ob jemand seine Qualitäten in einer Zeitung anpreist, in der Hoffnung, einen passenden Partner zu finden, der seine Ideale teilt, aber es wäre nicht sehr klug, diese Analogie zu weit zu treiben.

Die zweite Erklärung besagt, dass diese Bilder direkt bis zum kollektiven Unbewussten vordringen und dass das, was zurückkommt, ausgewählte Anteile einer Gruppenseele einer Rasse sind. Das würde bedeuten, dass wir den Teil unserer genetischen Struktur (wenn das der richtige Ausdruck ist) anzapfen können, in dem das vererbte Wissen der Gattung Mensch enthalten ist.

Es gibt noch viele andere Theorien darüber, aber diese beiden sind die wichtigsten. Welche der beiden dem, was Götter wirklich sind, näher kommt, wage ich nicht zu entscheiden.

Die traditionellen Erzengel der vier Richtungen sind also:

Raphael	Osten	Schwert
Michael	Süden	Stab
Gabriel	Westen	Kelch
Ariel	Norden	Scheibe

Sie werden ziemlich durchgängig wie folgt beschrieben:

Raphael. Eine hervorstechende gelb-orange Figur, jung, mit scharfen, intelligenten Augen, bekleidet mit einer kurzen, griechischen Tunika, der Bewegungsfreiheit zuliebe (in einer anderen Gestalt ist er Merkur, der Gott der Reisen). In der Hand hält er ein mächtiges Schwert, und auf seinem Mantel ist ein Heroldsstab eingewebt, den man sehen kann, wenn der Wind sein Gewand streift, denn Raphael, der Luftgott, ist eine Figur, die vom Wind getragen wird.

Michael. Eine Gestalt, gekleidet in Feuerfarben mit goldenen Haaren, stark und strahlend. Er trägt einen Brustschild mit einem Löwen und einen Speer. Er ist eine starke, energische Figur, und einer, der so kompromisslos wie hilfreich sein kann.

Gabriel. Ist in eine schimmernde Robe von Blau und Violett gekleidet. Sein Gesicht ist bleich mit tief eingegrabenen Zügen. Er hebt einen Silberkelch empor, und um ihn herum ist eine Atmosphäre wie von Wasser. Er ist ein Charakter, den man als «starken Charakter» bezeichnen würde.

Ariel. Seine Farben sind die Farben der Natur, denn sein Element ist die Erde, sein langes Gewand ist olivgrün, braun, zitronengelb und rotbraun. Es schleppt hinter ihm her. Er hält einen Schild in der Hand, der als Symbol für die Erdkrume steht, und ein Duft von Wachstum und Fruchtbarkeit geht von ihm aus.

Obwohl wir immer die männliche Form der Götter in dieser Beschreibung benutzt haben, so ist es doch einleuchtend, dass die Götter nur in Verbindung mit Göttinnen handeln können. Insofern sollten Gabriel und Ariel eher feminine Züge tragen. Eine junge Frau und eine reife Frau z. B. Es gibt ebenfalls keinen Grund, warum eine reife Frau und eine junge Frau nicht mit den Elementen Feuer und Luft verbunden werden sollten. Es ist eine Entscheidung, die bei den Betreffenden selbst liegt, und sie sollte vom *Gefühl* her getroffen werden und nicht nach dem, was der Kopf für richtig hält. In einem späteren Kapitel werden wir hierzu ein alternatives Schema aufschlüsseln.

Die magischen Waffen

Wir haben im Laufe des letzten Kapitels die vier Waffen mehr als einmal erwähnt. Sie sind die Mittler, die Werkzeuge, mit deren Hilfe die Gottformen sich manifestieren.

Das Schwert. Von allen vier Werkzeugen ist dies das einzige, das in der Natur keine direkte Entsprechung hat, will man es nicht mit einem gezackten Stein oder ähnlichem vergleichen. Das Schwert war die Waffe, die von ihrem Träger die ausgeprägtesten Talente im vor-wissenschaftlichen Denken erforderte. Es erforderte einen Grad von geistiger Entwicklung, der fast an ein Wunder grenzte. Wir werden in einem späteren Kapitel näher auf seine Bedeutung eingehen und erwähnen unterdes noch die Spekulationen W. G. Grays, dass das Schwert ursprünglich ein Bogen war – ein offensichtliches Attribut der Luft. Die Qualität des Schwertes liegt darin, dass es durch Hindernisse hindurchschneiden kann, ebenso wie Verstand und Logik viele Probleme «durchschneiden» und lösen können.

Der Stab. Kann beides sein, ein Wanderstab, der dem Reisenden hilft und eine defensive oder offensive Waffe. Die frühen Vorformen vom Stab waren Stöcke oder feuergehärtete Speere. Sie standen in Verbindung zum Feuer, entweder als Schürhaken oder als Scheite.

Wir können hier sehen, dass das Schwert und der Stab verschiedene Spielarten derselben Sache sind. Wenn wir das magische Universum in streng dualistische Begriffe auflösen wollten, so würden wir tatsächlich ein Universum aus Schwarz und Weiss, aus Feuer und Wasser sehen können. Im vorliegenden Schema werden Feuer und Luft als zwei verschiedene Aspekte derselben positiven, dynamischen Energie angesehen. Was uns zu ihren Gegensätzen bringt:

Der Kelch. Neben der Verbindung zum heiligen Gral, auf die wir später eingehen werden, ist der Kelch ursprünglich der grosse Kessel gewesen, der den Stamm ernährte und die Stammesmitglieder lehrte, soziale Wesen zu werden. Das Leben des Stammes kam aus diesem Kessel, wie die Früchte der Liebe aus dem weiblichen Schoss.

Das Fünfeck. Der Schild, oder Fünfeck, war nach Gray ein Stück festen Materials, das dazu benutzt wurde, die Erde aufzuritzen wie eine Vorform eines Spatens oder Pflugs, um Samen in die Erde zu setzen. Dies war der Schutz des

Stammes gegen Hungersnöte. Später werden wir eine Verbindung kennenlernen zwischen dem Schild und den heiligen Steinen. Beide repräsentieren Dauer, Schutz und die Erde selbst.

Und wieder können wir sehen, wie der Kelch eine andere, mehr in sich gefaltete Version des Schildes ist – oder umgekehrt. Sie sind einander ergänzende Energieformen.

Die Entsprechungen des Kreuzes im Kreis

Indem wir jetzt die folgenden Kapitel ein wenig antizipieren, können wir die schon aufgestellte Liste der vierfältigen Symbole erweitern:

Schwert	*Stab*	*Kelch*	*Schild* (Münze)
Osten	Süden	Westen	Norden
Morgen	Mittag	Abend	Nacht
Frühling	Sommer	Herbst	Winter
Merlin	Arthur	Nimue	Morgana
Raphael	Michael	Gabriel	Ariel
Leben	Licht	Liebe	Lernen
Gedanken	Intuition	Gefühl	Sinnlichkeit
Hören	Sehen	Tasten	Berühren
Luft	Feuer	Wasser	Erde
Wassermann	Löwe	Skorpion	Stier
Mensch	Löwe	Adler	Stier

und so weiter, ad infinitum.

Je mehr der Schüler mit diesen Bildern arbeitet, desto grösser wird der Druck und die Kraft, die hinter einem einzelnen Schlüssel, wie die magischen Waffen es sind, sich sammelt. Wenn der Magier seinen Stab oder seinen Speer in einer bestimmten Weise hält, ist das für sein Unterbewusstsein ein Signal, all die vielen Qualitäten, die mit dem Stab verbunden sind, freizusetzen und in die Psyche des Magiers strömen zu lassen.

Natürlich wird der Schüler, wenn er Vollkommenheit erlangen will, all diese Symbole auch real benutzen, aber wenn er vorher die Konzepte nicht auf die Waffen übertragen hat, sind sie völlig nutz- und wirkungslos.

Nachdem wir hier einen Überblick über den Baum des Lebens und das Kreuz im Kreis gegeben haben, wenden wir uns jetzt der praktischen Magie zu, und zwar sowohl der traditionellen wie auch der gegenwärtigen.

Der mittlere Pfeiler

In diesem Kapitel werden wir uns mit Übungen des mittleren Pfeilers beschäftigen. Das ist eine Technik, die, wird sie analysiert, die Grundlage der meisten Aufgaben der kabbalistischen Magie ist.

Man betrachte die Figur 2. Sie zeigt den mikrokosmischen Baum des Lebens. Es ist die symbolische Darstellung des Baums des Lebens im menschlichen Körper.

Wir werden hier insbesondere mit dem mittleren Pfeiler arbeiten. Die Sphären des mittleren Pfeilers entsprechen: Kether (Kopf), Daath (Hals), Solarplexus (Tipheret), die Genitalien (Yesod) und die Füsse (Malkuth).

Diejenigen, die mit dem System des Yoga vertraut sind, werden feststellen, dass die Lokalisierungen der Sphären der Lokalisierung der Chakras sehr nahe kommen. Genauer gesagt sehen die Entsprechungen wie folgt aus:

Muladhara-Chakra	Malkuth
Swadisthana-Chakra	Yesod
Manipura-Chakra Anahata-Chakra	Tipheret
Visuddhi-Chakra Ajna-Chakra	Daath
Sahasrara-Chakra	Kether

Das Muladhara-Chakra ist von der Basis des Rückgrats verschoben worden zu den Füssen, wo es als Speicherzentrum fungiert.

Der Sinn der Übung ist, die Kraft der Aura zu verstärken, zu beleben und aufzuladen. Wenn das erfolgt ist, kann die

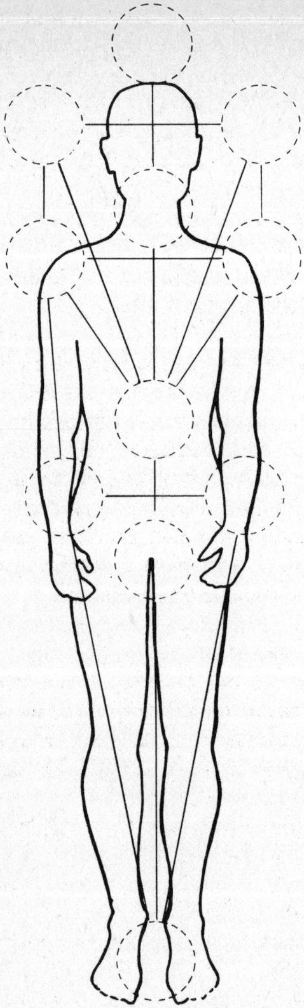

Abb. 2: Der mikrokosmische Mensch

Energie dazu verwendet werden, bestimmte spezifische Punkte zu aktivieren, über die wir im folgenden noch sprechen werden.

Man werfe einen Blick auf die Liste. Welche Entsprechungen von Kether können wir benutzen? Farben? Die Namen des Gottes? Qualitäten? Die Auswahl wäre:

Farbe	funkelnde Strahlen
Name	Eheieh
Qualität	Allmacht, Allwissen, schöpferische Kraft, Vollkommenheit

So. Nun stell dir eine funkelnde, strahlende Sphäre um deinen Kopf herum vor. Sprich den Namen Gottes aus, rhythmisch, wiederhole ihn, lass ihn durch dich hindurch vibrieren. Stell dir vor, wie die strahlende Sphäre im Rhythmus des Namens der Kraft pulsiert; stell dir das Innere dieser Sphäre als das Universum selbst vor, wie es pulsiert in der Schwingung des Namens und behalte all die Qualitäten Kethers in deinem Bewusstsein. Denk daran, es ist keine Sphäre aus Glas, es ist Leben, voller Energie quirlendes Leben.

Die Wirbelsäule abwärts

Dann wandere die Wirbelsäule abwärts. Von Kether schiesst ein Energiestrahl hinab und entflammt Daath. Der Prozess ist derselbe, nur dass die Farbe grau ist und der Name Gottes Jehova Elohim, ein Name, der aus Geburah und Binah zusammengesetzt ist.

Auf dem weiteren Weg die Wirbelsäule abwärts sind die Entsprechungen folgende:

Tipheret	– Solarplexus
Name	– Jehova Eloah va Daath
Farbe	– Gelb
Yesod	– Genitalien
Name	– Shaddai el Chai
Farbe	– Violett-Blau

Malkuth

Name – Adonai ha Aretz
Farbe – Olivgrün, Rotbraun, Schwarz

Natürlich muss man sich mit den Qualitäten der Sphären stets aufs neue vertraut machen, die Liste durchgehen und sich selbst immer wieder neue Informationen geben. Das ist insofern nützlich, als es uns zwingt, diese Information immer wieder aufzunehmen und zu wiederholen, bis wir ganz mit ihnen vertraut sind.

Was die äusseren Umstände angeht, unter denen dies Ritual vollzogen werden sollte, so braucht man ein Zimmer für sich. Man sollte liegen oder entspannt sitzen. Die Hände liegen ineinander und die Füsse berühren sich, um den «Kreislauf» zu schliessen.

Der Energiekreislauf in der Aura

Wenn die Chakras aktiviert sind, kann man sich der Aufgabe zuwenden, die Energie in der Aura zirkulieren zu lassen. Dies geschieht, indem eine Atemtechnik mit gedachten Bildern kombiniert wird – im Yoga ist diese Technik als Pranayama bekannt.

Stell dir die eiförmige Aura um deinen Körper herum vor. Indem du langsam und stetig ausatmest, stell dir eine strahlende Kraft vor, die von der Spitze auf der *linken* Seite des Eis bis zum Boden wandert. Dann halte inne. Wenn du jetzt wieder einatmest, stell dir eine fliessende Kraft vor, die vom Boden des Eis auf der *rechten* Seite bis zur Spitze emporsteigt. Wiederhole diesen Vorgang mehrere Male. Das ganze Bild sollte ein fliessendes Band von Energie ergeben, das im Rhythmus deines Atems zirkuliert und von einer Seite zur anderen wechselt.

Wiederhole das Spiel, nur dass du diesmal die Kraft beim Ausatmen die Vorderseite der Aura hinabfliessen und beim Einatmen über die Rückseite wieder hochströmen lässt. Das Ausatmen lässt die Energie vom Kopf bis zu den Füssen fliessen, das Einatmen zieht sie von den Füssen wieder hoch bis zum Kopf.

Diese Übung kann durch die sogenannte «Springbrunnen-Technik» ergänzt werden. Nachdem man die beschriebenen Schritte ausgeführt hat, atme man abrupt aus, stelle sich einen Lichtstrahl vor, der von den Füssen über die Wirbelsäule bis zum Scheitel des Kopfes schiesst. Wenn der Lichtstrahl durch die Schädeldecke bricht, sprüht er wie ein Springbrunnen oder wie das Sahasrara-Chakra, wie es von Hellsichtigen gesehen wird. Beim Einatmen fliesst die Energie an der Aussenhülle der Aura entlang wieder zu den Füssen. Und so weiter.

Die Energie reist entlang der Wirbelsäule und nimmt so den Weg der Kundalini, was ein Hinweis für jene geben mag, die diese Techniken näher studieren wollen.

Nun haben wir unsere psycho-physischen Zentren und uns selbst mit Energie geladen sowie die Aura belebt. Oder wir sollten das wenigstens getan haben, wenn die Übungen korrekt durchgeführt wurden. Das würde bedeuten, dem göttlichen Namen eine reale Bedeutung geben, die Energie wirklich *fühlen,* wie sie durch unseren Körper fliesst, innerhalb der Aura und an ihrer Aussenhülle auf- und abwärts.

Im Sport hängt Fortschritt von der regelmässigen Übung ab. Ein paar halbherzige Versuche nützen wenig. Genauso ist es bei diesen Übungen. Wie im Sport bedeutet Übung mehr als einige flüchtige Kraftakte.

Neue Qualitäten gewinnen

Diese Übung kann an die praktische Arbeit angeschlossen werden. Sensationshungrige Autoren versprechen gern, dass sie wunderbare Einflüsse auf unser Alltagsleben hat. Also werden wir diese Dinge betrachten, denn es gibt keinen Zweifel, dass Magie Einflüsse auf unseren Alltag haben *kann.*

Vorausgesetzt, der Schüler hat ein Stadium erreicht, in dem er die Energien in sich wirklich fliessen fühlen und in eine Richtung dirigieren kann (und er *wird* dieses Stadium erreichen). Nehmen wir weiterhin an, der Schüler habe den Wunsch zu reisen. Was er nun tun würde, nachdem er die

Übung des mittleren Pfeilers durchgeführt hat, wäre, sich vorzustellen, wie sich seine Aura, im Licht Hods glänzend, orange färbt. Er steht in der Mitte dieses Lichts und schaut, erfüllt von diesem Glanz, hinaus. Während er sich das vorstellt, wiederholt er den Gottesnamen Elohim Tzavoos, mit dem er die Fähigkeiten Merkurs verbindet – Reisen und Kommunizieren. Er zwingt sich selbst zu glauben, dass alle Kräfte in diesem Universum, die mit der Qualität des Reisens verbunden sind, mit ihm eine sympathische Verbindung eingehen und ihm helfen werden, sein Ziel zu erreichen.

Nachdem er dieses Ritual beendet hat, sollte der Schüler, wenn er an seine alltägliche Arbeit geht, seine Gedanken auf den Wunsch zu reisen richten und nach Möglichkeiten suchen, seine Träume zu verwirklichen. Vielleicht findet er eine Möglichkeit, ein Reisestipendium zu erhalten, oder er findet Seelenverwandte, die er besuchen kann, oder es kommt ihm Geld entgegen, so dass er sich diesen Wunsch selbst erfüllen kann. Wenn man nur lang und intensiv genug für ein Ziel arbeitet, wird es durch ganz gewöhnliche Ereignisse erreichbar werden, aber der ausschlaggebende Impuls kommt von innen. Der Magier nimmt eine Verbindung zu dem Teil seiner Seele auf, der Zugang zu den Möglichkeiten und Halbwirklichkeiten hat. Er öffnet seine Augen für Bereiche in seinem Leben, die er bis zu dem Moment nicht realisiert hat, und bewegt sich entlang dieser Linien.

Um ein anderes Beispiel zu nehmen, so mag der Betreffende eine neue Arbeit suchen, z. B. als Lehrer. In diesem Fall würde er das Bild von der Arbeit, die er sucht, ähnlich ausbilden und dann dieselben Schritte gehen, wie oben beschrieben. Was er allerdings nicht gerade machen wird, ist, am nächsten Tag vor seinem Briefkasten zu sitzen und auf ein wunderbares Angebot warten, das ihm auf geheimnisvolle Weise zugestellt wird. Wie jedes andere sterbliche Wesen, müsste er die Qualitäten Malkuths unterstützen, indem er Bewerbungen schreibt, Stellenangebote studiert und seine Ohren offen hält. Wenn er schliesslich die Arbeit bekommt, die er gesucht hat, dann vielleicht deshalb, weil er sich im

Einstellungsgespräch auf die Lehrqualitäten von Hod und Merkur so stark einstimmen konnte, dass die Wahl ganz augenfällig auf ihn fallen musste.

Was diese Technik offensichtlich bewirkt, ist, bestimmte Qualitäten im Innern einer Person zu wecken. In einer weniger ausgeprägten Form tun wir das, wenn wir singen, wenn wir uns inspiriert fühlen, durch Tanzen oder andere Gesten, mit denen wir uns ausdrücken. Diese Übungen sind jedoch Rituale, um bestimmte Ziele zu erreichen, um bestimmte Bereiche zu erschliessen, und zwar mit einer bestimmten Intensität. Wir können sie benutzen, um uns mutig und stark zu fühlen, wenn wir Geburah beschwören oder um uns mit uns selbst in einen harmonischen Gleichklang zu bringen, wenn wir Tipheret in uns konzentrieren. Und doch sollten all diese Fähigkeiten so betrachtet werden, als schlummerten sie bereits in uns und die Rituale aktivierten sie nur. Es ist nicht gerade ein Beispiel für persönlichen Mut, sich von äusseren Mächten gesteuert zu fühlen.

In seinem ausgezeichneten Essay «Die Kunst des wirklichen Heilens» (aus dem diese Techniken schamlos gestohlen wurden) führt Israel Regardie noch ein paar weitere Details zu den Techniken der mittleren Säule auf. Diejenigen, die sich dafür interessieren, sollten sich näher mit diesem Buch beschäftigen. Bei allen Versuchen, materiellen Vorteil mittels magischer Arbeit zu gewinnen, sollten wir uns die alte Maxime vergegenwärtigen, dass wir oft um etwas bitten, was wir gar nicht wirklich haben wollen. Oder, um W. E. Butler zu zitieren: «Sei vorsichtig, nach was du strebst in der Magie, du könntest Pech haben und – es bekommen.» Es ist dann wie das Schicksal eines Menschen, der reich werden will und es auch wird, aber dann sehen muss, wie er dafür mit dem Unglück seiner Familie, Freundschaften, die in die Brüche gehen, und eigener Krankheit zahlen muss. Wenn wir mit Hilfe der Magie etwas zu erreichen suchen, dann sollte das Ziel eher in höheren Dimensionen als auf der Ebene materiellen Gewinns liegen, denn wenn es in diesem Universum überhaupt ein Gesetz gibt, dann ist es das, dass alles seinen Preis hat.

Das Ritual des Bannens und Beschwörens

Das so geheimnisumwitterte Ritual des Bannens ist nichts anderes als der Versuch, eine klare und gereinigte Atmosphäre in und um den Magier herum herzustellen. Es ist nicht mehr als das, was ein Chirurg vor einer Operation tut. Das Ziel des Magiers ist es, eine Sphäre für seine Arbeit zu schaffen, die Ain Soph Aur entspricht. Eine Aura der Kraft entsteht um den Magier und selbst wenig sensitive Menschen (wie ich einer bin) spüren den Unterschied in der Atmosphäre.

Was wir hier kurz analysieren werden, ist das Bannritual des Pentagramms. Das ist ein Ritual, das aus der Tradition des Golden Dawn kommt. Noch heute wird es von den meisten Magiern als die Standardtechnik für praktische Zwecke angesehen. Aber obwohl es ein wirksames und wertvolles Stück Magie ist, müssen wir uns darüber im klaren sein, dass es vor fast einem Jahrhundert entwickelt wurde. Die Männer und Frauen, die die Arbeit des Golden Dawn leiteten, haben das im Sinne ihrer Zeit getan. Moderne Versionen des Bannrituals arbeiten häufig ohne Anrufung der Gottesnamen und ohne das Fünfeck, dafür mit einem dreidimensionalen Kreuz im Kreis. Wenn wir also nun das Pentagrammritual studieren, um die magischen Grundlagen einer immer noch wirksamen und faszinierenden Technik kennenzulernen, müssen wir uns vor Augen führen, dass diese Ideen im Grunde leicht veraltet sind.

Nichtsdestotrotz ist die Beschäftigung mit dem Pentagrammritual eine gute Möglichkeit, dem Schüler auf dem schnellsten Weg eine Einführung zu geben, was die Techniken und die Bedeutung der Magie angeht. Darüber hinaus ist die Diskussion des Bannrituals gleichzeitig eine Zusammenfassung der Techniken, die wir bisher besprochen haben.

Das kabbalistische Kreuz

Der erste Teil des Rituals ist das kabbalistische Kreuz. Es kann auch für andere Rituale benutzt werden, um sich «umzustellen». Es symbolisiert den Anfang des Rituals, und es weiht das Ritual den Göttern.

Wende dich nach Osten. Das kann der geographische Osten sein, es kann aber auch der mystische Osten sein, der überall direkt vor dir ist, gleich, welche geographische Richtung. Es ist die Richtung, in der die Finsternis zu Licht wird, das Reich Raphaels, der mit der Sphäre Hods in Verbindung steht und damit die Sphäre der Ritualmagie bezeichnet.

Hebe die Arme in weitem Bogen nach oben und führe sie dicht über der Stirn (Kether) zusammen. Die Hände liegen mit den Handflächen aufeinander wie für ein Gebet.

Dies getan, sagst du «Vater unser, der Du bist», führst deine Hände zum Solarplexus und sagst «Dein Reich komme» und hebst die Arme zur rechten Schulter und sagst «und die Kraft», wanderst mit den Armen zur linken Schulter, «und die Herrlichkeit», und dann kreuzt du die Arme vor deinem Körper und sagst «in alle Ewigkeit, Amen». Wenn du dies tust, stell dir einen funkelnden Lichtstrahl vor, der von deinem Kopf zu deinen Füßen reist und dann von der rechten zur linken Schulter, um das Kreuz zu vervollständigen.

Im Falle dieses Rituals ersetzen wir Malkuth durch Tipheret, weil das Ritual zu schwerfällig würde, versuchten wir, das Zentrum Malkuths an unseren Füssen zu berühren. So wird Tipheret ein Symbol für Malkuth, der Leichtigkeit und Anmut zuliebe.

Diejenigen, die die Abbildung des mikrokosmischen Menschen studiert haben, werden sehen, dass die Kraft und der Glanz Geburah und Chesed entsprechen und in der rechten und linken Schulter lokalisiert werden. Wenn der Strahl durch dich hindurchfährt, stell dir vor, wie der göttliche Wille

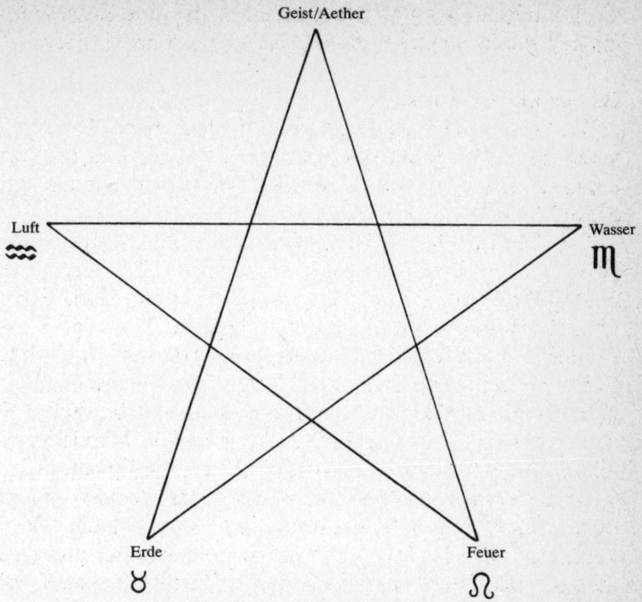

Abb. 3: Der fünfzackige Stern

durch dich hindurchfährt, um den Menschen mit Gott zu verbinden in diesem Ritual. Genauso stell dir die geisselnde, reinigende Kraft Geburahs vor, wie sie die Aura reinigt, und die Kraft Cheseds, wie sie diese Kräfte ins Gleichgewicht bringt. Schliesslich stell dir das strahlende Kreuz und dich selbst als Riesen vor, der die Worte im Universum nachhallen lässt.

Diese Worte sind auf hebräisch: «Ateh, Malkuth, ve Geburah ve Gedulah, le Olahm. Amen.» (Gedulah ist eine andere Ausdrucksform für Chesed.)

Einige unter euch mögen bemerkt haben, dass dies nicht die orthodoxe Form dieses Rituals ist, weil sie mit beiden Händen statt mit dem ersten und dem zweiten Finger der rechten Hand – der traditionellen Form – arbeitet. Aber es ist wichtig, eigene Ideen zu entwickeln. Es ist wichtig, bestehende Techniken abzuwandeln. Es spielt keine Rolle, ob diese Veränderungen eine Bedeutung für andere haben, solange sie eine Bedeutung für dich haben. Versuche beide Versionen des kabbalistischen Kreuzes – es gibt auch noch andere –, und probiere aus, was sich für dich richtig anfühlt. Fällt dir irgendeine Verbesserung ein? Probier sie aus. Vielleicht ist sie wenig befriedigend, aber jeder Versuch ist ein Schritt in die richtige Richtung.

Das Beschwören eines fünfzackigen Sterns

Indem du dich immer noch nach Osten wendest, zeichne einen fünfzackigen Stern in die Luft. Beginne mit der unteren Zacke an deiner linken Hand. Streck die rechte Hand gerade aus zu der linken, führe sie vor deine Stirn, um die obere Spitze des Sterns zu zeichnen, und dann wieder abwärts zur rechten Seite, um die rechte, untere Spitze zu bestimmen. Fahre so fort, dass die beiden oberen, seitlichen Spitzen auf der Höhe deiner Schulter sind und beende den Stern, wo du ihn angefangen hast, auf deiner linken Seite unten. Wenn deine Hände durch die Luft fahren, stell dir vor, wie strahlende Energie aus den Spitzen der ersten beiden Finger fliesst. So, nun hast du einen grossen, symmetrischen, fünfzackigen Stern in der Luft vor dir, in deiner Vorstellung. Dieser Stern wird dann mit Energie erfüllt, indem man in das Zentrum sticht und ein Wort der Kraft murmelt. Das ist ja alles sehr faszinierend, aber welche Bedeutung hat es?

Hier kommt eine der Erklärungen.

Wir beginnen mit der rechten Hand. Wir könnten das mit Geburah verbinden. Geburah herrscht über die rechte Schulter des mikrokosmischen Menschen. Man erinnere sich daran, dass wir versuchen, eine reine, klare Atmosphäre zu schaffen, und Geburah ist eine säubernde, konstruktive Kraft, die uns dabei hilft.

Wir benutzen den ersten und den zweiten Finger der rechten Hand, die symbolisch für Ruten oder Speere stehen könnten, die Michael, dem Feuer und Tipheret, der Sphäre des Gleichgewichts und der Harmonie, zugeordnet sind.

Wir beginnen mit der Erde auf dem Diagramm und ziehen die Verbindungslinie zum Geist. Symbolisch gesehen transformieren wir irdische Verhältnisse in geistige. Die tatsächliche Form des fünfzackigen Sterns verweist wieder auf Geburah. Es gibt dazu zahllose Interpretationen. Aber keine ist tiefgreifender als diese. Such deine eigene Interpretation, und das Ritual wird für dich an Kraft gewinnen.

Nachdem du das Zentrum mit Energie gefüllt hast, dreh dich um 90° nach rechts und wiederhole das Zeichen. Tu das ganze noch zwei weitere Male, bis du wieder im Osten angekommen bist. Nun fühle die vier grossen Sterne, die dich umgeben, an der Grenze des Raumes, der für dich erreichbar ist.

Die Erzengel

Nun die Beschwörung der Erzengel. Blättere zurück und lies noch einmal ihre Beschreibung. Erinnere dich an die «Verdichtungen» auf der astralen Ebene, die durch eine konstante Visualisierung entstehen und die von entsprechenden Intelligenzen beseelt werden. Die Erzengel dienen als Kommunikationskanäle zu entsprechenden Kräften, die sie verkörpern. Indem sie mit den schöpferischen Graden der Energie verbunden sind, fungieren sie gleichzeitig als Transformationsleiter, die die Kräfte, die ansonsten vielleicht überwältigend wären, für den Magier erträglich zu machen.

Mit ausgestreckten Armen (warum?) stellen wir uns Raphael vor. Dann sagen wir: «Vor mir Raphael, hinter mir Gabriel, zu meiner Rechten Michael, zu meiner Linken Ariel. Um mich herum flammende Pentagramme, und über mir strahlt der sechszackige Stern.» Wenn der Name der Erzengel fällt, stell dir das Gefühl von Luft, Wasser, Feuer und Erde vor. Stell es dir so lebhaft vor wie möglich. Verweile in ihrem Element, wenn ihr Name fällt. Es gibt keine Eile. Schliesslich vollende das Ritual, indem du das kabbalistische Kreuz zeichnest.

Wenn du mit diesem Ritual nicht vertraut bist, mag es kompliziert erscheinen, aber es ist in Wirklichkeit viel leichter als es sich liest. Natürlich wäre es einfacher gewesen, wenn die Anweisungen aufgezeichnet worden wären. Aber in diesem Buch geht es nicht darum, *wie* die Rituale vollzogen werden, sondern mehr darum, *warum* man sie durchführt. Oder mindestens darum, dich selbst zum Denken anzuregen. Das ist der Grund, warum die verschiedenen Informationen nicht bequem an einer Stelle zu finden sind.

Weitere Aspekte

Jetzt weisst du, wie man einen Ort reinigt und für die magische Operation vorbereitet. Es gibt jedoch noch einen weiteren Aspekt an diesem Ritual, der etwas mehr Licht auf die Sache wirft. Mit nur einer Veränderung kann diese Methode benutzt werden, um bestimmte Kräfte zu rufen. Die Veränderung ist einfach die, dass du bei dem Stern an dem Punkt, der mit «Geist» gekennzeichnet ist, beginnst und danach zum Erdpunkt fährst usw.

Bei der Beschwörung benutze den Namen «Adonai», wenn du die Mitte des Sterns durchbohrst. Wenn du das Wort aussprichst, stell dir dich selbst als einen mächtigen Herrn vor, der seinen Bereich säubert und den Befehl und das Kommando darüber übernimmt.

Beim Beschwören wird das Wort je nach der Sphäre, die beschwört werden soll, gewählt. Ein Ritual mit der Venus würde das Gotteswort Netzach verlangen. Wenn du die Anrufung durchführst, kannst du dir die Kraft vorstellen, wie sie auf dich niederfliesst und dich erfüllt, um deinen Ruf zu beantworten. Die Erzengel stehen mit dem Gesicht zu dir, wenn du sie anrufst, und mit abgewandtem Gesicht, wenn du sie bannst.

Nun wissen wir, wie man nicht erwünschte Kräfte bannt, erwünschte Kräfte anruft und die Aura mit Energie auflädt. Innerhalb dieses Spielraums liegen alle möglichen magischen Rituale als Ausgangsformen begründet. Wenn du darangehst, deine eigenen Rituale zu entwerfen, wirst du dieselben

Methoden benützen, auch wenn die Anwendung anders sein wird.

Die untere Tirade des Lebensbaums gibt uns einen Hinweis auf diese Techniken. Sie wird manchmal als das «magische Dreieck» bezeichnet. Hod unterstützt uns mit klarem Verstand beim Ritual. Netzach hilft uns mit dem Instinkt und Sympathie, und Yesod verbindet den Verstand und die Gefühle auf der Ebene des Unbewussten, so dass das Ritual wie beschrieben wirken kann. Malkuth unterstützt uns währenddessen, indem es die physische Grundlage für das Ritual erschafft.

Dein eigener Name

Eine Technik, die im Zusammenhang mit dem Bannritual von Wert sein kann, ist die, den eigenen Namen vor sich selbst zu wiederholen und seine Stimme durchs Universum dröhnen und echoen zu hören. Stell dir vor, dass deine ganze Lebenskraft in diesem Namen ist. Nun lass den letzten Buchstaben deines Namens weg, aber sprich ihn in deinem Kopf mit. Nun einen Buchstaben nach dem anderen, und mit jedem Buchstaben, der verschwindet, fühle, wie deine Persönlichkeit durchsichtiger wird und verbleicht. Fühle, wie du dich selbst auflöst, bis mit dem letzten Buchstaben deines Namens auch du verschwindest und nur noch Leere und das Nichts bleibt. Dies ist ein anderer Versuch, die Qualitäten von Ain Soph Aur zu erlangen, diesmal mit Hilfe der Welt der Töne. Benutze diesen Weg, um das Bannritual zu verstärken und zu unterstützen, wenn es nötig sein sollte. Der mittelalterliche Charme des Wortes Abrakadabra geht in diese Richtung. Man identifizierte ein Übel mit einem Wort und löste es dann wie beschrieben auf, darauf hoffend, dass das Übel mit dem Wort verschwinde.

ABRAKADABRA
ABRAKADABR
ABRAKADAB
ABRAKADA
ABRAKAD
ABRAKA
ABRAK
ABRA
ABR
AB
A

Nach dieser Übung empfehlen wir, durch die Umkehrung dieser Methode wieder auf die Ebene des normalen Bewusstseins zurückzukehren.

Astralmagie

Die Technik, die wir nun studieren werden, arbeitet lediglich mit den Kräften der Phantasie, ohne Unterstützung der Ritualmagie.

Sie umfasst ihrem Wesen nach die Erschaffung von Formen in der Astralwelt, die von inneren Intelligenzen als Vehikel benutzt werden können.

Dieses System ist allgemein als «Astralmagie» bekannt. Es gehört zu der Sphäre von Yesod und wird manchmal als «Schatzhaus der Bilder» bezeichnet.

In bestimmten Fällen führt diese Methode dahin, die eigene Persönlichkeit als einen Charakter in einem symbolischen Drama zu visualisieren, mit dem Ziel, die Fähigkeiten und Talente dieses Charakters in sich selbst zu entwickeln.

Natürlich kann man nach dem Wert dieses Systems fragen. Eine naheliegende Kritik wäre die, dass der Schüler in einem märchenhaften Traumland, in einer selbst vorgegaukelten Geschichte lebe.

Das ist natürlich richtig, wenn der Schüler die korrekte Anwendung der Symbole, wie wir sie in diesem Buch immer wieder verdeutlicht haben, aus den Augen verliert. Wir nehmen jedoch an, dass der Schüler ein fähiger Magier ist, der ein System der kontrollierten Symbole zu benutzen weiss, weil er sich darüber im klaren ist, dass die Bilder seine eigene Schöpfung sind.

Aber wo ist das psychologische Konzept dahinter? Und wo die Verbindung zum Alltagsleben?

Zur Beantwortung dieser Frage empfiehlt es sich, ein paar Seiten zurückzublättern und sich die Definition von Magie zu vergegenwärtigen.

Heldenfiguren

In den verschiedensten Phasen unseres Lebens brauchen wir alle Heldenfiguren. Sie sind einfach notwendig. Sie unterstützen uns mit Symbolen in unserem Streben. Sie zeigen Massstäbe auf, die wir versuchen sollten, zu erreichen.

Kleine Kinder wählen ihre Eltern als Heldenfiguren, ahmen diese nach und identifizieren sich mit ihnen in ihren Spielen. Später werden diese Elternbilder durch traditionelle Volkshelden und dann durch zeitgenössische Helden ersetzt. In jedem Fall hofft das Kind, die Erfahrung und Haltung dieser Figuren in sich selbst zu erwecken.

Aus manchen wachsen wir heraus, wie dem Nikolaus und Robin Hood, nach anderen streben wir lange Zeit, wie Helden der Religion oder des Sports.

Deshalb ist die Familie so wichtig. Wenn die Eltern die passenden Heldeneigenschaften unterstützen, dann wird das Kind dadurch einen Vorteil erlangen. Unglücklicherweise verhalten sich nicht alle Eltern so. Oft muss das Kind seine eigenen Heldenfiguren finden. Ein Kind z. B., das den Einfluss des Vaters missen muss, mag sich einen Helden suchen, dessen Qualitäten Stärke und Männlichkeit sein werden. Hoffentlich entschliesst sich dieses Kind nicht, den lokalen Halsabschneider zu kopieren.

Wir wachsen aus diesen Bildern heraus, wenn wir die Eigenschaften der Figuren in uns aufgenommen haben und in unserer Vorstellung selbst besitzen.

Das alles gehört zur Identitätssuche, die ein Schritt auf dem Weg zur Erfüllung der Maxime «Erkenne dich selbst» ist.

Helden-Identifikationen gehören zum Reiche Yesods, der Ebene der Illusion. Erinnere dich deiner ersten Liebe. Denk darüber nach, wie dieser Mensch das schönste Wesen auf der Welt für dich war und wie die Illusion langsam verblasste und mit der Zeit gar ganz entschwand. Wir entwerfen Bilder um die Dinge um uns herum, die entweder verblassen, wenn wir reifer werden, oder die ihre Qualitäten behalten, weil sie immer noch über unserem eigenen, unmittelbaren Potential liegen.

Yesod gehört stark in die Zeit der Pubertät, wo das Bedürfnis nach mythologischen Figuren gross ist. Die Lektion von Yesod ist, auf allen Ebenen und auf allen Wegen unabhängig zu werden. Indem mehr und mehr von den vorgestellten Qualitäten zu realen Fähigkeiten der Persönlichkeit werden, desto mehr schwindet die Abhängigkeit von heroischen Mutter- und Vaterbildern. Es ist der Prozess, den Glanz der Bilder zu durchschauen, der die wirkliche Bedeutung verschleiert. Vieles von dem geheimnisvollen Glanz der Magie ist überhaupt nur da, weil wir ihn in unserer Vorstellung produzieren, und einer der Zwecke dieses Büchleins ist es, ein wenig von diesem Glanz abblättern zu lassen.

Obwohl diese Ausführungen zunächst eher wie eine Abschweifung von unserem Thema der Astralmagie aussieht, so ist es doch immer wieder wichtig, dass wir die Psychologie der Magie im Alltag entdecken können, denn wie sonst sollte Magie funktionieren?

Der theoretische Hintergrund

Erinnere dich daran, dass nicht die Bilder selbst, sondern die Kräfte dahinter oder die kollektive Erfahrung wichtig sind. Die geistigen Psychodramen wecken archetypische Symbole und Qualitäten in einem Bereich, der ausserhalb unseres Wachbewusstseins liegt. Wir versuchen, einige dieser Erfahrungen aufzunehmen, indem wir diese Qualitäten, nach denen wir suchen, selbst hervorbringen, indem wir Symbole benutzen, um innere Kräfte zu wecken.

Wenn sich die Ideen, die mit den Symbolen verbunden sind, ändern, dann verändern sich auch die Symbole selbst. Grosse Konzentration ist vonnöten, denn es ist sinnlos, durch die Bilder zu rauschen. Man sollte sorgfältig arbeiten, jeden Schritt prüfen und analysieren, jedes Symbol mit Bedeutung füllen und neue Konzepte dabei entwerfen. Wenn die Konzepte dichter werden, wächst die Kraft der Symbole.

Im Grunde ist Astralmagie eine Form der Meditation, in der Bilder hervorgebracht werden. Es gibt Menschen, denen dieser Wert mehr liegt als die Meditation über abstrakte

Konzepte. Aber wir sollten darüber nachdenken. Viele wählen diesen Weg, weil sie die relative Strenge des mystischen Wegs langweilt oder abstösst.

Astralmagie – praktisch

Nun schauen wir uns ein Stück praktischer Astralmagie an und analysieren es.

Leg dich bequem hin – du kannst auch entspannt sitzen – und atme langsam und gleichmässig. Reinige deinen Geist von allen anderen Bildern und Gedanken.

Die Reise beginnt an einem Strand: aber nicht an einem gewöhnlichen Strand, sondern einem, wo der Sand zitronengelb und olivgrün ist.

Du liegst an diesem Strand, ein paar Meter vom Meer, und der Strand erstreckt sich bis in die Unendlichkeit. Die Sonne brennt, aber sie bräunt nicht. Statt dessen entflammt sie in dir das Verlangen, ihre Strahlen an ihrer Quelle zu fangen und in die innerste Tiefe deiner selbst aufzusaugen. Du streckst dich, um die Sonne zu berühren, die so riesig und so nah ist, aber es geht nicht, und du sinkst zurück in den Sand.

Daneben fühlst du die Erde, fest und solide und massiv, mit dir als einem winzigen Fleck darauf. Sie schenkt dir Sicherheit und Geborgenheit, ganz anders als die entfernte Sonne. Und doch . . .

Aber dann werden deine Gedanken vom nahen Meer angezogen. Du setzt dich auf und blickst auf violette Wogen. Plötzlich wird die Oberfläche von einer mächtigen Figur aufgerissen, einem klassischen Neptun, der sich aus den Wellen erhebt. Lachend hebt er einen Silberpokal empor, gefüllt mit einer funkelnden Flüssigkeit, und bietet ihn dir an und sinkt dann einladend zurück ins Meer, bevor du noch annehmen kannst.

Tief bewegt von dieser schrecklichen, göttergleichen Figur gehst du die neun Schritte bis zum Meer und ins Wasser, und indem du das tust, fühlst du, wie du mit dem Meer verschmilzt: Du *wirst* das Meer und fühlst, wie seine Wellen kommen und gehen.

Für eine lange Ewigkeit bleibst du im Meer, verschmolzen mit ihm, bis nach und nach, aber eindringlich dich ein Ruf von oben erreicht.

Der Rufer ist Michael, gekleidet in seine Robe aus Feuer. Er zeigt mit seinem Speer auf dich. Du siehst die gütige Weisheit in seinen Augen und erinnerst dich, was du ganz am Anfang wolltest, und rufst nach ihm mit all deiner Seelenkraft.

Du findest zu dir zurück. Du bist nicht mehr länger das Meer. Es ist an der Zeit, weiterzureisen.

Du ergreifst den Speergriff, der dir angeboten wird, und ziehst dich daran empor, um Michael ins Auge zu schauen. Direkt hinter ihm ist eine kolossale Sonne. Michael lächelt über die Furcht und das Zaudern, das in dir ist, und nimmt dich sanft an der Schulter und führt dich zur Sonne.

Indem du dich näherst, bemerkst du, dass sie eher eine intensive Energie als physische Hitze ausstrahlt, du fühlst, wie die Strahlen dich verschlingen und alles auslöschen, ausser wirbelnden goldenen Wolken, die lachsrot und rosa schimmern und spiralförmig zu einem Strudel zusammenschmelzen.

Du kannst Michael in diesem Augenblick nicht sehen, aber du fühlst seine Nähe. Alles, was dir bewusst ist, ist das Hineingezogen-Werden in einen goldenen Strudel und dann wie du wieder auf festen Boden geschleudert wirst.

Das Schlimmste ist vorbei, und indem du um dich blickst, fühlst du ein nie gekanntes Vertrauen, eine grosse Begeisterung, denn du weisst, dass du an den Grenzen eines bekannten, aber längst vergessenen Landes stehst. Die Farben des Feuers, die Berge, die aussehen wie ein Flammenmeer, all das wirkt zusammen, um in dir selbst etwas zu entzünden. Aber in diesem Moment breitet sich eine Strasse vor dir aus, eine weite Strasse, die zu einem Gebäude führt, um das ein goldenes Hexagramm schwebt. Michael ist wieder bei dir und gibt einen Stups zwischen die Rippen, um dich auf den Weg zu diesem Platz zu schicken. Indem du durch das Hexagramm schreitest, fühlst du dich wie eine Eidechse, die ihre alte Haut abgestreift hat – viel leichter, viel glücklicher. Jetzt bist du dem Gebäude ganz nahe, du stehst vor einer breiten Treppe mit sechs hohen Stufen, die zum Eingang führen.

Auf jeder Seite des Aufgangs liegt ein grollender Löwe. Aber du erinnerst dich daran, dass du einen langen Weg gekommen bist und dass du durch merkwürdige und gefährliche Abenteuer gegangen bist und nur ein ausgemachter Feigling an diesem Punkt umkehren würde. Du folgst deinem Weg in gerader Linie sicheren Schrittes zwischen den beiden Löwen hindurch und findest, dass die Löwen nur halb so gross sind, wie sie von weitem ausgesehen haben, und viel weniger fürchterlich, als du gedacht hast.

Jetzt bist du im Innern. Der Raum hat sechs Seiten, und in der Mitte steht ein Altar, gerade so gross, dass ein Mensch darauf liegen kann. Und das tust du . . .

Und nun rufe jeden Sonnengott an, nach dem es dich gelüstet, benütze das entsprechende System, welches auch immer es sei, und sei Apollo, Osiris, Christus oder wer auch immer. Weil wir mit der Kabbala arbeiten, lass uns Michael rufen. Versuche zu verstehen, dass die Figur, die dich bis hierhergeführt hat, ein Bild war, das du selbst erschaffen hast, indem du bestimmte Fähigkeiten in Michael konzentriert hast, der dich hierhergeführt hat. Und weil du dein Bewusstsein in dieser Quelle jetzt näher gebracht hast, rufe Michael an, dass er in dir die Gaben Tipherets entfalte.

Was immer du verwirklichen möchtest, stell es dir vor; erblicke dich selbst in der Zukunft, begabt mit den Fähigkeiten, nach denen du strebst. Vielleicht hast du auch eine Frage, die Tipheret dir beantworten kann. Stelle sie. Aber erwarte keine donnergrollende Stimme, die dir die Antwort erteilt. Schau lieber nach einer stillen Antwort, die du in Zukunft in dir selbst finden wirst.

Und jetzt ist es wichtig, dass du alle Schritte, die dich hergebracht haben, in der umgekehrten Reihenfolge vollziehst, um den Weg zurück zu finden. Du hast dein Bewusstsein erweitert (wie sehr, das hängt von deiner Erfahrung ab), und nun musst du zurückkehren zum normalen Bewusstseinszustand. Also durchlaufe die Stationen deiner Reise in der umgekehrten Reihenfolge, bis du wieder am Strand angelangt bist.

Die Analyse der Arbeit

Für jemand, der mit dem Symbolismus nicht vertraut ist, mag diese Reise etwas seltsam sein, aber in Wirklichkeit ist sie eine Synthese der vielfältigen Aspekte Tipherets, die sie wie ein gebündelter Strahl benutzt, um eine Bresche in die Barriere des Bewusstseins zu schlagen, die einer bestimmten Energieform den Zutritt zur Persönlichkeit des Magiers ermöglicht.

Schau dir die Szenen noch einmal an, lies die Symbolik Tipherets und versuche, diese beiden Stücke in eine Verbindung zu setzen und die Lektion des Lebens zu lernen, die darin liegt.

Die Methode kann natürlich auch in bezug auf die anderen Sphären angewandt werden, aber natürlich muss dann das Symbolsystem entsprechend abgeändert werden.

Und denke daran, dass dies ein Meditationssystem wie jedes andere ist, bei dem du beharrlich bestimmte Symbole einführen musst, wenn du Erfolg haben willst.

Obwohl wir die Reise an einem Strand begonnen haben, ist es doch so, dass die meisten Fahrten in einem Tempel beginnen; entsprechend der Richtung, die die Arbeit nehmen soll, muss der Ausgangspunkt gewählt werden.

Einige der vorbereitenden Übungen in Magie umfassen die Errichtung eines inneren Tempels. Der astrale Tempel, der durch die eigene Imagination errichtet wird, ist im Grunde genommen viel wichtiger als der materielle, äussere Tempel. Die astralen Entsprechungen der Waffen geben ihm Kraft, weil sie mit den Kräften des Unbewussten verbunden sind. Deshalb musst du dir den Tempel, die Waffen oder was immer sonst du dir wünschen magst, vorstellen. Es ist ungefähr so, wie moderne Werbeslogans: «Wie werde ich ein richtiger Mann, dem keine Frau widerstehen kann!» Das

Geheimnis ist in den meisten Fällen, dass du dir vorstellen musst, dass du ein geschmeidiger, gewinnender Ladykiller bist, indem du dir täglich suggerierst: «Tag für Tag, Stunde um Stunde werde ich in jeder Beziehung attraktiver.» Die Idee ist ungefähr dieselbe, nämlich, durch kontrollierte Imagination Selbstvertrauen zu schaffen, um ein bestimmtes Ziel zu erreichen.

Die Visualisierung eines Tempels

Fangen wir nun damit an, uns einen Tempel vorzustellen, Stück für Stück, und lass uns ihn fest auf der astralen Ebene der Seele verankern. Wähle jede Form, die dir gefällt, ein Schloss, eine Hütte oder etwas im griechischen Stil – aber es ist klüger, im Anfangsstadium etwas Einfaches zu wählen. Im Inneren sollten vier Wände sein, die den vier Elementen entsprechen. Und weil er der Ausgangspunkt für die magische Arbeit ist, sollte der Boden in einer Malkuth entsprechenden Farbe getönt sein. Die Wände könnten mit Teppichen verhängt sein, auf denen der Mensch, der Löwe, der Stier und der Adler zu sehen sind oder Wassermann, Löwe, Stier und Skorpion. Der Altar könnte ein doppelter Würfel in Schwarz und Weiss sein, auf dem mit einem Tuch aus Seide die magischen Waffen bedeckt liegen.

Dies sind die hauptsächlichen Richtlinien, den Rest musst du dir selbst vorstellen, denn du sollst hier arbeiten, niemand anderes. Stell dir die Szene lebhaft und intensiv vor, denn von hier aus beginnst du mit der Astralmagie, indem du den Raum durch eine hinter den Teppichen verborgene Tür verlässt und ihn durch dieselbe Tür wieder betrittst.

Mit der Zeit wirst du die Form und den Stil des Tempels verändern, ganz so, wie du es mit einem wirklichen Haus machen würdest. Vielleicht wird es sich in deinem Geist verankern. Wir könnten dann diesen Tempel vergleichen mit dem Turm C. G. Jungs in Bollingen. Hier ist ein Platz, an den wir uns begeben können, wenn wir das Profane und Triviale ausschliessen und mit uns selbst kommunizieren wollen. Wir müssen lernen, wie wir den Prozess des Sich-Annäherns und

Eintretens visualisieren können. Wenn sich diese Tüe öffnet, sollte das ein Signal dafür sein, dass auch die letzten Spuren der Kleinmütigkeit und Weltlichkeit von uns abfallen und wir all das vor dieser Türe lassen, was mit der Idee des Tempels nicht in Einklang steht.

Auf einer bestimmten Ebene tun wir hier nichts anderes, als uns einen Platz zu schaffen auf dieser Welt, wo alles sicher und friedlich ist und die Unbill der äusseren Welt keinen Zugang hat. Deshalb sollten wir Zeit und Konzentration darauf verwenden, um dieses Bild in unserem Innern aufzubauen. Es ist ein Tempel, ein heiliger Ort und ein geheimer Ort in unserem Innern, wo wir geistige Erfrischung, Wärme, Nahrung und Sicherheit finden.

Aleister Crowley berichtete, dass er auf seiner Reise durch China seinen eigenen Tempel aus Schottland zu sich bringen konnte, dem Gesetz der Relativität von Zeit *und* Raum entsprechend. Natürlich meinte er die astrale Entsprechung des materiellen Tempels, in der er aber genauso gut arbeiten konnte. Wenn wir über etwas auf der Astralebene sprechen, bedeutet das nichts weiter, als dass sich etwas im Bereich des Unbewussten befindet. In diesem Sinne ist der innere Tempel – gleichgültig wie einfach er sein mag – alles, was wir zum Arbeiten brauchen, selbst wenn es im Moment nicht möglich sein sollte, einen Raum dafür bereitzustellen in dem Haus, in dem man lebt.

In diesem Zusammenhang mag ein weiteres Beispiel für die Technik der Visualisierung, also des Schaffens innerer Welten, hilfreich sein.

Fange an, indem du mit nach Osten gerichtetem Gesicht dich deinem Tempel stellst. Stell dir vor, wie du schnell und gleichmässig wächst, bis der Tempel zu deinen Füssen liegt und du den ganzen Horizont der Erde als gleichmässiges Rund und schliesslich den Globus als Kugel unter dir schweben siehst. Sieh, wie die Sterne näher kommen, wenn du wächst, sieh, wie die Erde ganz verschwindet, fühle, wie du von den Sonnen und den Planeten und den Galaxien angezogen wirst, denn du stehst als himmlischer Mensch da. Was fühlst du? Was bedeutet es? Und welchen Zweck kann diese Übung haben?

Beantworten musst du diese Fragen selbst, denn es gibt keine zwei Menschen, die auf denselben Reiz deckungsgleich reagieren.

Und natürlich gibt es keinen Grund, diese Technik nicht mit einer Übung des mittleren Pfeilers zu verbinden; deine eigene Erfindungsgabe wird dir sagen wie.

Die magische Persönlichkeit

Wir haben schon an anderer Stelle den Wert und die Bedeutung von Heldenfiguren und Götterbildern erwähnt und am Beispiel der vier Elemente im einzelnen aufgezählt. Was wir jetzt in Angriff nehmen werden, ist die Arbeit an unserer eigenen magischen Persönlichkeit.

Es ist offensichtlich, dass wir, obwohl wir alle Sphären des Lebensbaums in uns tragen, uns doch der einen oder andern Sphäre stärker zugeneigt fühlen, sei es auf Grund unserer Talente oder unserer Persönlichkeitsstruktur. Im Anfangsstadium ist es wichtig, dass wir ein gewisses Verständnis für alle Sphären gewinnen, eine Verbindung mit allen eingehen, aber es kommt die Zeit, wo der fortgeschrittene Schüler unausweichlich, wenn auch fast unmerklich, sich dabei wiederfinden wird, eine bestimmte Sphäre immer wieder zu betreten.

Etwas davon ist in den magischen «Graden» verborgen, die vom Neophyten bis zum Ipsissimus reichen, und alle Ausprägungen des Weges der Adepten umschliessen. Heutzutage ist die Idee eines vertikalen Fortschritts zu Recht aus der Mode gekommen, aber sie gibt uns einen Hinweis darauf, dass wir uns für eine bestimmte Sphäre entscheiden können. Im alten System wäre ein Adeptus Major ein Spezialist in der Sphäre Geburah. Das heisst, seine psychische Struktur würde im reinsten Sinn die Qualitäten Geburahs beinhalten – wie Kompromisslosigkeit, Ernsthaftigkeit und Mut. Jemand anders mag die Eigenschaften der Venus kanalisieren und verkörpern. Aber letzterer ist weder dümmer noch rangniedriger als der andere. Ein Priester des Mondes ist genauso mächtig wie ein Priester des Jupiters, nur eben in verschiedener Art und Weise.

Im Grunde ist dieser Punkt ganz offensichtlich, aber er ist es wert, zu Herzen genommen zu werden.

Was wir nun entscheiden müssen, ist das Gebiet unserer Spezialisierung. Für gewöhnlich ist das ganz offensichtlich, und wer so weit ein Buch über Magie liest, sollte zumindest über ein gewisses Mass an Selbsterkenntnis verfügen. Und ausserdem ist es gleichgültig, ob offensichtlich oder nicht, die nächste Übung ist nützlich.

Der magische Spiegel

Dieser hat keine andere Bedeutung, als sich im Licht jeder Sphäre selbst zu prüfen und zu entscheiden, wie gut man abschneidet. Man besorge sich ein gutes Buch über Astrologie, in dem die Möglichkeiten und Schwächen jedes Planeten aufgezeichnet sind. Unterstützend lese man die Lebensbaumbestimmungen der Kabbala. Schonungslose Ehrlichkeit ist vonnöten. Es gibt keinen irdischen Sinn, sich vor sich selbst zu verherrlichen. Es kann eine begrüssenswerte Erfahrung sein, festzustellen, in welchen Bereichen es uns an Fähigkeiten mangelt; Bereichen, von denen wir es uns vielleicht nicht hätten träumen lassen. Es kann eher so sein, als ob eine schrecklich desinteressierte Autorität uns eine Liste all unserer Mängel und Fehler überreicht.

Eine regelmässige Rückkehr zum «Magischen Spiegel» kann uns dabei unterstützen, stärker nach einer umfassenderen Ganzheit zu streben und verhindert zudem Selbstgefälligkeit. Diese Technik bekämpft ausserdem die Eitelkeit, die in vielen Okkultisten angelegt ist und den Fehler darstellt, der sie von höherer Weisheit trennt.

Gesetzt den Fall, der Schüler hat einige sichere Fundamente in sich errichtet und ist sich seiner eigenen Sphäre ziemlich sicher, was muss er dann tun?

Er muss sich die höchsten Qualitäten seines Selbstbildes, nach denen er zu streben im Stand ist, vorstellen. Es sollte nichts Kleinliches, Banales dabei sein. Er muss sich für den Typ einer Persönlichkeit entscheiden, die er willens ist zu sein, und dann versuchen, einige von den Qualitäten dieses Bildes in sich zu *fühlen*. Er sollte sich Szenen ausdenken, in denen sich diese Fähigkeiten in den verschiedensten Bereichen manifestieren.

Dies ist der erste Schritt, aber einer, der ein Leben lang beibehalten werden will, denn in dem Masse, in dem die Einblicke grösser werden und der Aufstieg weitergeht, werden immer neue Fehler sichtbar.

Der zweite Schritt ist, die «Vehikel» zu schaffen, auf die man die undeutlichen Wolken der Konzepte laden kann.

In der Magie bezeichnet man das mit dem schönen Wort vom «Körper aus Licht», der für gewöhnlich dem Astralkörper zugerechnet wird, in diesem Zusammenhang aber das Selbstbild des Magiers, der auf seiner tiefstmöglichen Bewusstseinsstufe arbeitet, versinnbildlicht.

Dann muss sich der Schüler entscheiden, welche Sphäre sich am besten für ihn eignet. In den meisten Fällen gäbe es vielleicht einen anderen, geeigneteren Weg, in den Anfangsgründen sind aber die Sphären am besten, die relativ klar umrissen sind. Nehmen wir an, Yesod wurde gewählt.

Nun sollte aus der Vielfalt der mit dem Mond verbundenen Symbole ein Zeichen ausgewählt werden. Wir stellen uns vor, dass der Magier sich in einer silber-violetten Robe sieht, die verziert ist mit den Zeichen des Mondes, auf seiner Stirn trägt er ein Band mit einem Halbmond über den Augenbrauen, auf dem Kopf vielleicht ein Käppchen. Er sieht sich so gekleidet. Wenn er mit seinem Körper auf der irdischen Welt nicht ganz glücklich ist, kann er ihn in seiner Vorstellung so ändern, wie es ihm angemessen zu sein scheint. Wenn er sich so geschmückt in seiner Vorstellung sieht, verkörpert er all die Tugenden und Fähigkeiten des Mondes, die er jahrelang studiert hat. Indem er sich dieses Bild aneignet (dieses Götterbild, wenn wir so wollen), ist das ein Signal, diese Fähigkeiten, die übers Gewöhnliche hinausgehen, anzunehmen. Er wird ein Priester des Mondes und arbeitet damit näher an seinem wirklichen Selbst. Aber nur für die Dauer des Rituals.

Mit der Zeit mag der Schüler eine sichere Visualisierung seiner Bilder bewerkstelligen, und dann wird er sich seine Roben selbst entwerfen, wir sind ja hier noch am Anfang.

Magische Namen

Wir haben schon an anderer Stelle den Gebrauch und den Wert der «Namen der Macht», die mit jeder Sphäre verbunden sind, erwähnt. Eine der Aufgaben eines Magiers ist es, seinen eigenen magischen Namen zu formulieren, der all die Eigenschaften, nach denen er strebt, symbolisiert. Am Anfang können wir einfach den Gottesnamen einer bestimmten Sphäre verwenden, aber wenn die Verästelungen und Feinheiten in unserem Innern sichtbar werden, müssen wir einen Namen finden, der sie zusammenfasst. Es ist allgemein bekannt, dass der Schriftstellername der englischen Okkultistin Dion Fortune von ihrem Motto «Deo non Fortuna» abgeleitet war; W. B. Yeats' Name oder Motto war «Demon est Deus Inversus» oder D. E. D. I., wie er selbst unterschrieb; Aleister Crowley begann als Perdurabo («I will Endure unto the End») und entwickelte sich zu «Mega Therion», dem «Great Beast».

Nun müssen unsere Namen nicht unbedingt lateinische oder griechische sein oder sonst ausserhalb unseres Blickfeldes liegen. Jedes angenommene Wort, von dem du fühlst, dass es die höchsten Qualitäten deines besseren Selbst umfasst, genügt. Wichtig ist, dass du den Namen nicht publik machst und auch nicht deinen Nächsten mitteilst. Er soll dein Geheimnis sein, dein letztes Geheimnis. Er wird ausdrücken, was du bist. Wenn der Name gefunden ist, wird das einer der wichtigsten Schlüssel sein, um sehr hohe Ebenen von Energie anzurufen und zu kontrollieren. Wir sollten viel Zeit damit verbringen, Kombinationen von Worten und Silben zusammenzustellen, auch wenn die ersten Resultate unausweichlich schwach sind – um nicht zu sagen, blöd klingen. Aber es wird so sein wie immer in der Magie, der rechte Name für den rechten Moment wird sich gelegentlich von selbst einstellen. Und er wird sich richtig anfühlen. Vielleicht verwandelt er sich im Laufe der Jahre. Aber das tun wir alle. Es liegt an uns, diesen Prozess zu beginnen.

Abschalten

Also haben wir jetzt eine ganze Liste von Techniken, mit deren Hilfe wir unser alltägliches Bewusstsein verlassen und uns mit einer magischen Persönlichkeit verbinden können, die uns neue Reiche der Erfahrung zeigt. Allerdings sollte man, ist die Prozedur einmal vorüber, sorgsam darauf achten, wieder «abzuschalten». Das Abschalten ist ein ganz alltäglicher Vorgang, der häufig zu beobachten ist. Der Vorgesetzte, der an der Arbeitsstelle seine Untergebenen beherrscht, zu Hause aber der Unterlegene ist, zeigt dabei nur verschiedene Aspekte seiner Natur. In unser aller Leben sollte es Situationen geben, in denen wir verschiedene Gänge benutzen, sonst ruinieren wir den Motor. Rituale und die magische Persönlichkeit stellen einen Extragang und die breite Strasse dar, die es uns ermöglicht, eine Weile lang unbeschwert mit hohen Geschwindigkeiten entlangzufahren.

Das Tarot und der Baum des Lebens

Einer der wichtigsten Bestandteile der magischen Tradition der westlichen Welt ist das Tarotspiel und seine Beziehung zum Baum des Lebens.

Der Ursprung dieses Kartenspiels ist unwichtig. Ob die Karten aus dem alten Ägypten oder aus dem europäischen Mittelalter stammen, spielt keine Rolle. Tatsache hingegen ist, dass sie uns einen Reichtum an Vorstellungsmöglichkeiten anbieten, die wir benutzen können, um noch tiefer in innere Räume vorzudringen.

Das Spiel teilt sich in zwei Gruppen auf: in die «oberen Arkanen», die 22 Karten umfassen, und in die «unteren Arkanen», die 56 Karten enthalten und unterteilt sind in vier Farben, genau wie die Kartenspiele, die wir heutzutage kennen.

Ob nun mit Absicht oder zufällig – die Karten der «oberen Arkanen» scheinen den 22 Pfaden des Baum des Lebens wie massgeschneidert zu entsprechen. Und Generationen von Schülern haben sich darin verstrickt, das richtige, «wahre» Zuordnungssystem zu finden. Wir hoffen jedoch, dass es inzwischen klar geworden ist, dass es ein solches System nicht gibt. Die Bilder des Tarots müssen von jedem einzelnen für sich selbst interpretiert werden, und doch enthalten sie eine bestimmte Substanz in sich, zu der eine Art von Seelenverwandtschaft hergestellt werden muss. Ebenso können sie dem Schüler als Test für seine eigene Aufnahmefähigkeit dienen, und zwar indem er sie auf den Lebensbaum legt, entsprechend seinem Verständnis beider Systeme. Es ist ziemlich unwichtig, wann Crowley oder Waite oder Fortune irgend etwas über eine bestimmte Karte geschrieben haben, wenn der Schüler eine ganz andere Interpretation vermutet. Man vertraue seiner eigenen Analyse – immer, behalte aber eine flexible Haltung bei.

Es gibt eine Vielzahl von Tarot-Spielen, die verschiedene Stärken haben, aber für unsere Zwecke ist das Spiel von Waite/Rider am besten geeignet.

Selbst wenn man das Feld, auf dem er publizierte, in Betracht zieht, muss A. E. Waite zu den okkulten Schriftstellern gezählt werden, deren Werke quälend langweilig und zugleich aussergewöhnlich finster sind. Und doch ist es in Zusammenarbeit mit Pamela Colman Smith ihm irgendwie gelungen, uns ein wirklich aussergewöhnlich schönes Symbolsystem zu schenken, welches in Verbindung mit dem kabbalistischen Schema benutzt werden kann.

Das Spiel selbst ist wie eine Landkarte im dicken Nebel, es fehlen die Anhaltspunkte, um sich zu orientieren. Diese Anhaltspunkte können die Sphären des Lebensbaums sein.

Das wäre denn auch der Wert, den es hat, die Karten mit verschiedenen anderen Pfaden in Deckung zu bringen: es entsteht daraus eine ziemlich klare Vorstellung von der einzuschlagenden Richtung, und es gibt neue Impulse.

Wie man sich leicht vorstellen kann, sind die Pfade selbst von einiger Bedeutung. Um es grob zu umreissen: es sind die Bereiche, in denen sich die Sphären treffen und vermischen. Der Pfad zwischen Yesod und Netzach ist der Bereich, in dem sich Instinkt und Gefühl mischen. Das allein sagt allerdings nichts aus, und deshalb haben die Bilder an dieser Stelle einen beträchtlichen Wert, weil sie uns die Möglichkeit zum Konzentrieren geben.

Glücklicherweise gibt es nicht zwei Schüler, die darin übereinstimmen, welche der «oberen Arkanen» welchem Pfad zugeordnet werden sollten, und wenn sie in dieser Frage übereinstimmen, so können sie sich mit Sicherheit nicht über die Interpretation einigen. Das sollte auch so sein. Es erinnert uns daran, dass es in der magischen Tradition kein Dogma gibt.

Im letzten Jahrhundert war es üblich, die Zuordnung über

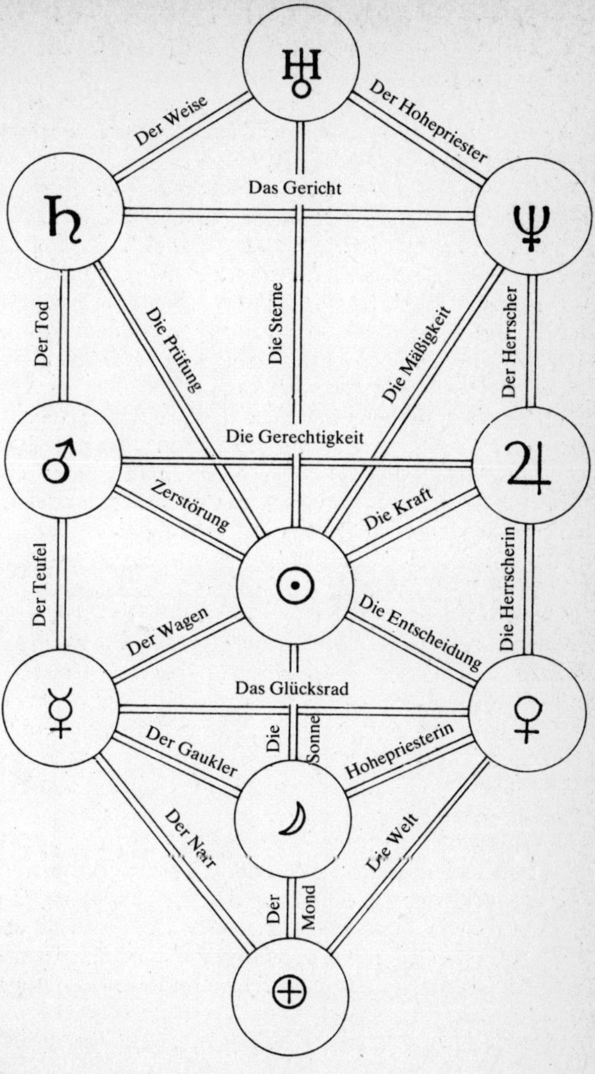
Der Weise
Der Hohepriester
Das Gericht
Der Tod
Die Prüfung
Die Sterne
Die Mäßigkeit
Der Herrscher
Die Gerechtigkeit
Zerstörung
Die Kraft
Der Teufel
Die Herrscherin
Der Wagen
Die Entscheidung
Das Glücksrad
Der Gaukler
Die
Sonne
Hohepriesterin
Der Narr
Lie Welt
Der
Mond

Abb. 4

IX
Der EREMIT
V
Der HIEROPHANT
I
Der MAGIER
II
B
J
Die HOHEPRIESTERIN

Abb. 5

Abb. 6

die Zahlen vorzunehmen, so dass die Karte mit der Nr. 1 dem ersten Pfad zugeordnet wurde usw. Dabei lag «Der Narr» am Ende der Reihe, es gab aber auch die Möglichkeit, den Narr mit der Nummer Null an den Anfang zum ersten Pfad zu legen und die anderen Arkanen folgen zu lassen. Zweifellos eröffnet dieses System einige Perspektiven, aber ich habe das Gefühl, dass es über die nur numerische Übereinstimmung doch begrenzt ist.

Unter allen anderen Anordnungen scheint mir die von W. G. Gray am vernünftigsten zu sein, die er in seinem brillanten Buch *Magical Ritual Methods* darstellt.

Wie wir mit einem Blick auf die Abbildung Nr. 4 sehen können, fällt das Spiel genau wie der Lebensbaum in drei Teile auseinander, in einen positiven, einen negativen und einen neutralen. Wenn wir den mittleren Pfeiler betrachten, finden wir in der Reihe von Kether zu Malkuth «Die Sterne», «Die Sonne» und «Der Mond». Diese Karten entsprechen genau dem Planetensystem, was sie in vielen anderen Systemen nicht tun. Und was dabei noch ganz besonders interessant ist: die Wandlung in den Kulten nimmt häufig eine ähnliche Wendung. Z. B. wandelte sich das lunare und mutterrechtliche System der Kelten nach und nach zum solaren, patriarchalischen System, das die christliche Religion einführte. Schliesslich führte es zu dem individualistischen, stellaren Bewusstsein, das wir haben. Oder vielleicht wird es eine Sternenreligion geben, die im Wassermannzeitalter auf uns zukommt.

Auf der linken Seite oder dem negativen Pfeiler sehen wir Karten wie «Der Tod», «Der Teufel» und «Die Prüfung» und «Die Zerstörung», während die positive Seite des Baums «Die Herrscherin», «Die Mässigkeit», «Die Kraft» und «Der Herrscher» enthält, Bilder, die alle Sicherheit und Wohltätigkeit symbolisieren.

Die drei horizontalen Pfade entsprechen den verschiedenen Formen des Schicksals oder des freien Willens: «Das Glücksrad» entspringt den Qualitäten des Verstandes oder den Gefühlen, oder einer Mischung aus beiden, und untersteht dem blinden Zufall. «Die Gerechtigkeit» entspricht mehr dem reinen Karma und ist mit unserer Ethik verbunden und schliesslich «Das Gericht», welches die Einsicht in unser Leben im Lichte eines reifen Verstandes und einer entwickelten Weisheit repräsentiert – so wie es uns als Teil der Erfahrung nach dem Tod erscheint.

Im unteren Teil des Baumes sehen wir «Die Welt» und «Der Narr», die Symbole für das menschliche Leben, das noch nicht in den Prozess der Individuation eingetreten ist, darstellen. Genau darüber finden wir die beiden Symbole, über die wir das ganze Buch hindurch sprechen: «Der Gaukler» und «Hohepriesterin». Beide sind mit Yesod verbunden. Man möge sich erinnern, dass Magie mit Hilfe des Unbewussten arbeitet. Das erstere Symbol gehört dem rein «hermetischen» Typ an, das letztere dem orphischen. Schon ein flüchtiger Blick auf die «Hohepriesterin» mit den Symbolen des Meeres, des Mondes und der Sexualität zeigt, dass es sich hier um ein besonders relevantes Zeichen handelt.

Auf der Karte «Die Entscheidung» können wir etwas von der Natur der Liebe sehen, und es ist verwunderlich, dass niemand sonst versucht hat, diese Karte in diese Position zu legen, denn direkt über ihnen ist das riesige solare Bild Michaels. Gegenüber liegt «Der Wagen», das Symbol eines Menschen, der durch eigene Einsicht ein umfassendes Wissen über die Welt sammelt, obwohl er selbst kaum in sie hinausgeht. Dieser Mensch ist an einem Ort fixiert, so wie «Der Wagen» in einen quadratischen Stein eingeschlossen ist. Vielleicht, dem Stein des Weisen.

Die Verbindung von «Die Zerstörung» inmitten der Blitze mit Tipheret und Geburah ist offensichtlich, während wir gegenüber in der Karte «Die Kraft» die Eigenschaften der Sonne und des Jupiters erkennen können.

«Die Prüfung» und «Die Mässigkeit» symbolisieren verschiedene Wege zu einer Weisheit auf übernatürlichem Level, während «Der Weise» und «Hohepriester» zwei verschiedene Wege zeigen, dieses Wissen für solche, die danach streben, verfügbar zu halten.

Es ist an dieser Stelle nicht möglich, in die tiefere Interpretation der einzelnen Karten und Wege einzusteigen. Um aber trotzdem zu zeigen, wie gut Waites Tarotspiel mit dem Schema des Lebensbaums übereinstimmt, werden wir einen kurzen Blick auf eine Karte und einen Pfad werfen.

Der Weise (Der Eremit)

Dies ist die 9. Karte der «oberen Arkanen». Sie zeigt einen hochgewachsenen Patriarchen in eine dunkelgraue oder schwarze Robe gehüllt, der auf dem Gipfel eines Berges steht. Sein Gesicht ist im Profil zu sehen. In der rechten Hand hält er eine Laterne, in der linken einen Stab. In der Ferne sind andere schneebedeckte Gipfel zu sehen.

In Grays System ist diese Karte dem Pfad zwischen Kether und Binah zugeordnet. Wir können hinzufügen, dass er dieselbe Farbe trägt, die Binah zugeordnet wird, und er ein Wesen aus dem Reich des Schweigens ist, eine Dimension, die ebenfalls Binah zugeordnet wird. Sein Gesicht trägt eine bemerkenswerte Ähnlichkeit mit dem magischen Bild Kethers – ein bärtiger König, im Profil gesehen – und die Berggipfel erinnern uns daran, dass wir mit ausserirdischen Bewusstseinsstufen umgehen. Wenn wir den Stab als Mittellinie nehmen, die wir mit dem mittleren Pfeiler verbinden, können wir sehen, dass «Der Weise» die Laterne in die Richtung Binahs hält. Wir können uns vorstellen, dass er nach unten, auf die kämpfende Menschheit sieht und ihnen den Weg erleuchtet. Anders als sein Gegenspieler der «Hohepriester» oder Meister-Magier, leitet «Der Weise» mehr durch sein eigenes Beispiel als durch Gebote.

An diesem Punkt sollte der Schüler eine ähnliche Interpretation für den «Hohepriester» machen und sich ansehen, wie «Der Weise» und der «Hohepriester» zueinander im Gegensatz stehen und sich darin ausbalancieren. In dieser Art sollte der ganze Baum interpretiert werden. Man lasse die Bedeutung der einzelnen Karten für die Weissagung einmal beiseite und betrachte jede Karte als ein Kunstwerk, das Licht auf ein bestimmtes Prinzip werfen will. Am

Anfang mag dabei nicht viel herauskommen, aber je vertrauter der Schüler mit dem Tarot und dem Lebensbaum wird, desto häufiger wird es ihm vorkommen, als beginne in ihm ein Damm zu brechen.

Auf diese Weise werden die Karten anfangen, in seiner Seele ein eigenes Leben zu führen und die Grenzen der Bewusstheit ausdehnen. Ungefähr das meinen die Okkultisten, wenn sie davon sprechen, den Lebensbaum und das Tarot in die Aura einzuprägen. Es bedeutet nicht, wie man sich ja auch vorstellen könnte, dass eine Kaste von Magiern mit märchenhaften Lichtern in ihrer Aura durch die Gegend wandert, die wie ein festlich erleuchteter Christbaum strahlen, sondern es bedeutet, dass die Arkanen im Unbewussten verwurzelt sind, weil der Schüler hart gearbeitet hat, um sie dahin zu bringen. Und wieder sehen wir die untere Ebenen, wie sie in diesem Prozess das ihre tun: Malkuth, der materielle Prozess, in dem sich der Schüler mit Stift und Papier hinsetzt, um die Glyphen zu analysieren, Netzach, von dem der Wunsch und der Impuls ausgehen, der Verstand und die Interpretationsgabe kommt von Hod; und Yesod schliesslich ist das Gefäss des Unbewussten – das Haus der Kraft – in dem alle gesammelten Daten aufbewahrt werden zu zukünftigem Nutzen.

Die Magie des Tarots

Wenn der Schüler von diesen Anstrengungen zu ermüden beginnt, kann er sich eine exotische Zerstreuung genehmigen, die ihn über den toten Punkt bringt. Mit Hilfe der Visualisierungstechnik kann er sich eine Tarotkarte als lebendes Bild, in das er hineingehen kann, vorstellen. Vielleicht findest du dich im «Innern» der Karte «Der Wagen» wieder. Du wirst dich mit dem Wagenlenker unterhalten und ihn fragen, warum er in Stein eingebettet ist, welche Bedeutung die schwarze und die weisse Sphinx und der Thronhimmel über ihm hat. Selbst wenn du zu keinem wirklichen Ergebnis kommst, ausser einer phantasievollen Antwort aus deinem Innern, bist du doch auf dem Weg, mit diesen Bildern gut

Freund zu werden und mit ihnen Gedanken auszutauschen, die kein Fremder dir jemals geben könnte.

Wir könnten mit der Karte «Der Mond» beginnen. Nach vorbereitender Läuterung und vollzogenen Einstimmtechniken und wenn der Astraltempel errichtet worden ist, finden wir uns beim Betrachten der auf dieser Karte dargestellten Szene wieder und beschliessen, den Pfad, der von Malkuth nach Yesod führt, zu erkunden. In unserer magischen Manifestation finden wir uns vor dem Tor zwischen den beiden Türmen stehend im Land des Zwielichts wieder, und zu unseren Seiten heulen die wilden Tiere. Was, so fragen wir uns, geht hinter den Fenstern hoch oben in den Türmen vor? Was ist die Bedeutung der Tränen, die die Mondkugel zu vergiessen scheint? Und was werden wir am Ende der rauhen Strasse finden, wenn wir jenseits der Hügel sein werden? Dann stellen wir uns vor,wie wir den Pfad wirklich entlangwandern und nach den Bewohnern dieser Welt Ausschau halten. Bilder werden in uns emporsteigen. Sinnlose Bilder vielleicht, aber nichtsdestotrotz interessante Bilder. Wenn wir uns dann schliesslich auf der Höhe der Hügel im Kartenhintergrund befinden, sehen wir vielleicht einen von neun Mädchen umgebenen Mondtempel, in dem Mysterien stattfinden. Dann lautet die Aufgabe, nach dem Eingang zu diesem Platz (Yesod) zu suchen und zu sehen, was hier zu lernen ist.

Am Ende müssen wir unseren Weg zurück suchen, gleich wieviel wir erreicht haben mögen, bis wir uns schliesslich wieder in unserem astralen Tempel wiederfinden, bereit, wieder in Malkuth einzutreten.

Das ist eine interessante Technik, die mit der Zeit zu überraschenden Ergebnissen führen kann, aber man muss sich stets vergegenwärtigen, dass sie letztlich eigentlich eher eine Ablenkung ist. Das wirkliche Werk kann nur durch geistiges Schweissvergiessen und beständiges Studieren aller Karten vollbracht werden. Es spielt keine Rolle, wie glänzend die Visionen sein mögen, die sich bei den astralen Reisen einstellen, solange der Magier sie nicht mit grundlegenden

Konzepten und seinen irdischen Erfahrungen verbinden kann, sind sie wertlos. Eine Vision hervorzubringen ist einfach. Die Schwierigkeit ist, Weisheit hervorzubringen.

Weissagen

Die Karten zu diesem Zweck zu benutzen ist ein ausgezeichneter Weg, mehr über sie zu lernen. Was hierbei wichtig ist, ist nicht der Aspekt, die Zukunft vorauszusagen, sondern zu lernen, die Karten in eine Verbindung zueinander zu bringen.

Statt also die berühmte «alte keltische Methode» der Weissagung zu benutzen, die mit fast jedem Kartenspiel möglich ist (und die, so vermute ich, weder besonders alt noch besonders keltisch ist), verteilen wir die Tarotkarten in der Anordnung des Lebensbaums. Zuvor haben wir uns auf eine bestimmte Frage konzentriert, die beantwortet werden soll, und das Spiel sorgfältig gemischt.

Die Karte, die die Frage repräsentiert, wird vielleicht an der Stelle von Kether liegen, und die, die die endgültige Antwort beinhalten soll, am Platz von Daath. Diesmal sollte man die Bedeutung der Karten beim Weissagen mit Hilfe eines Buches bestimmen, gleichzeitig aber überlegen, was eine bestimmte Karte im Lichte der Sphäre, in der sie liegt, bedeuten kann. Das ist ungefähr so, als wenn ein Astrologe feststellt, welcher Planet in einem vorgegebenen Haus welche Wirkung hat. Diese Methode setzt natürlich ein näheres Studium voraus (z. B. das der «unteren Arkanen»), das wir hier nicht vorführen können. Zudem gibt es, was die Weissagungen angeht, keine Standardmethode in der Kabbala.

Einfach ausgedrückt, gleicht magisches Verstehen dem Sternenlicht in der Laterne «Des Weisen». Wenn du es willst, musst du einen langen, einsamen und rauhen Pfad erklimmen, und es gibt keine geheimen Abkürzungen oder geschickte Himalaja-Bergführer, die dich ans Ziel bringen, ohne dass du etwas dazu tun musst. Denk an die langen Tafeln von Korrespondenzen, die von Leuten des Order of the Golden Dawn oder dem «Argenteum Astris» und anderen entworfen wurden, und denke daran, dass diese Leute in ihrem Denken ebenso sprunghaft sein konnten wie irgendein anderer Mensch. Die Tatsache z. B., dass S. L. M. Mathers zweifellos ungeheure magische Talente hatte, bedeutet noch lange nicht automatisch, dass diese sich auch auf der alltäglichen Seite seiner Natur wiederfinden lassen. Oder wie irgend jemand irgendwann sagte: «Die Ebenen sind getrennt.»

Heutzutage liegt soviel magischer Plunder überall herum, dass wir nichts anderes tun können, als sauber auszufegen und wieder von vorne zu beginnen. Kehre zurück zu Ain Soph Aur. Kehre zum Nichts zurück. Beginne mit dem Bild des Lebensbaums und dem Kreuz und baue von da weiter auf.

Es ist nicht leicht.

Der Arthurmythos und der Baum des Lebens

In einem Zeitalter, in dem so viele Leute verzweifelt nach ihren Wurzeln suchen, um sich selbst einen Wert zu geben, und dabei entweder ihre Genealogie zurückverfolgen oder nach ihren vergangenen Leben jagen, ist es von elementarer Bedeutung, die Wurzeln unserer Mythologien zu ergründen. Grosse Teile des Jungschen Werkes, wenn nicht das ganze Werk, zeigen, wie wichtig es ist, dass der Mensch seinen eigenen Mythos hat und ihn liebt. Es kann kaum überraschen, wenn Menschen beginnen, genau das zu tun, denn Jung selbst schrieb: «Alles Alte ist das Zeichen für Kommendes.» Die gegenwärtige Renaissance von Mythen und auf Mythen basierender Phantasieliteratur, die die Buchläden überschwemmt, ist ein Zeichen für die Veränderung des Bewusstseins.

Wie wir gesehen haben, sind die zentralen Bilder oder Archetypen in der Magie ein Erbe aus der jüdisch-christlichen Tradition, die das Abendland beherrschte. Trotzdem ist die Idee von Erzengeln für einen modernen Geist nicht besonders naheliegend und eher unbequem – selbst wenn dieser Mensch die rein symbolische Natur der Bilder sehr wohl versteht. Und obwohl es eine Menge psychologischer Gründe dafür gibt, diese alten Bilder nicht zu ignorieren (und in der Tat *sollten* wir bei unseren Übungen mit genau diesen Bildern beginnen), mag der Zeitpunkt kommen, wo wir uns nach Bildern zu sehnen beginnen, die unserer Heimat näher sind.

Natürlich hat jedes Land und jede Rasse ihre eigene Mythologie. In Ländern wie Amerika mag es sinnvoller sein, sich mit den Mythen der Länder zu beschäftigen, aus denen die eigenen Vorfahren stammen, als sich mit den Mythen der eingeborenen Indianer zu befassen. Richtig ist auch, sich mit

Mythen zu befassen, auf die das eigene Herz anspricht. In Europa, besonders in England, aber auch auf dem Kontinent, bis hin nach Italien, ist die mächtigste mythologische Figur wahrscheinlich Arthur, obwohl in manchen Gegenden die Geschichte des Hofes weniger Bedeutung hat als die von Parzifal und der Gralssuche.

Verschiedene okkulte Schriftsteller haben dieses Thema gestreift, so z. B. Christine Hartley in ihrem Buch *Western Mystery Tradition*, aber das Schema, das ich hier vorlegen werde, gehört keiner festgelegten Tradition an und ist auch nichts anderes als der Teil einer spekulativen Arbeit, die ich noch nicht abgeschlossen habe. Natürlich mangelt es hier an Platz, um ins Detail zu gehen, insbesondere was die keltischen Entsprechungen angeht, aber ich hoffe doch, genug in Bewegung zu bringen, um den Leser zu eigenen Studien anzuregen.

Arthur und Tipheret

Arthur ist der Mittelpunkt des ganzen Schemas. Mit ihm steht und fällt alles. Er ist der Sonnengott par excellence. Betrachte die drei magischen Bilder von Tipheret:

Das Kind. Arthur entstammt einer illegalen (und magisch arrangierten) Verbindung zwischen Uther Pendragon und Igraine. Das Baby Arthur wird von Merlin hinweggezaubert, um im Wilden Wald aufgezogen zu werden. Die Geschichte, wie er in der höfischen Welt wieder auftaucht, zeigt ihn als Wunderkind.

Der Priester-König. Arthur war immer mehr als ein blosser Herrscher. Immer wurde er mit erstaunlichen Taten in Verbindung gebracht, deren Ursprung geistiger Natur war. Sein Hof war mehr als nur ein Königshof. Er war so etwas wie eine Heilige Versammlung. Christine Hartley ist der Auffassung, dass «Arthur» als Initiationstitel jahrhundertelang Sitte war.

Der geopferte Gott. Nach seiner letzten Schlacht wird deutlich, dass sich Arthur für sein Land geopfert hat. Aber wie alle sich opfernden Götter oder Sonnengötter stirbt er nicht wirklich, sondern wird nach Avalon getragen, wo er bleibt, bis er wieder gebraucht wird. Dann wird er wiederauf-

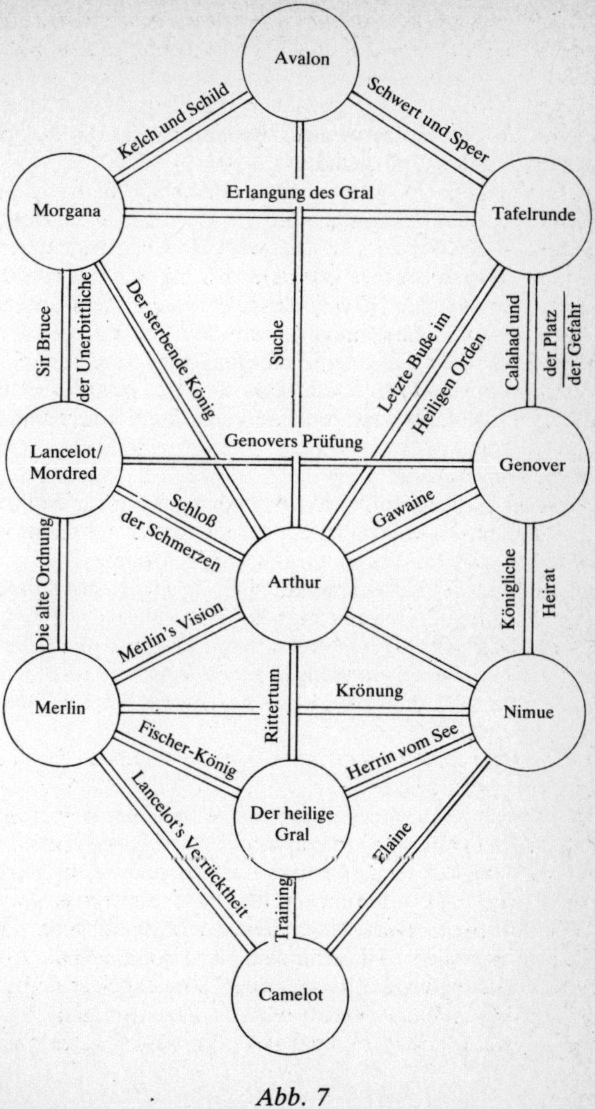

Avalon
Kelch und Schild
Schwert und Speer
Erlangung des Gral
Morgana
Tafelrunde
Sir Bruce
der Unerbittliche
Der sterbende König
Suche
Letzte Buße im Heiligen Orden
Calahad und
der Platz
der Gefahr
Genovers Prüfung
Lancelot/
Mordred
Genover
Schloß
der Schmerzen
Gawaine
Arthur
Die alte Ordnung
Königliche
Heirat
Merlin's Vision
Rittertum
Krönung
Merlin
Nimue
Fischer-König
Herrin vom See
Der heilige
Gral
Lancelot's Verrücktheit
Elaine
Training
Camelot

Abb. 7

erstehen. Die Parallele zum Christusbild ist deutlich. Bestimmte Forscher haben auch auf die Verbindungen zwischen Arthur und St. Georg und St. Michael hingewiesen.

In der keltischen Tradition sehen wir ähnliche Charakterzüge bei Cu Chulainn, Eochaid Airem und Tuan Mac Cairill, auch bei Taliesin und Llew Llaw Gyffes.

Der Heilige Gral – Yesod

Dieses ist das Fundament von Camelot und Arthurs Reich. Es ist der Transformationspunkt, durch den sich Arthur und seine Ritter von einer Ritterrunde zu einer göttlichen Runde, deren Ziele in Dimensionen jenseits des irdischen Reiches liegen, entwickeln. Der Gral gab dem Arthurmythos seine eigenständige, epische Kraft. Das Konzept des Grals als einem Kelch passt gut zusammen mit dem Symbolismus Yesods als einem Gefäss, einem Empfänger und Bewahrer von Eindrücken. Der Symbolismus von Kelch, Wasser, dem Unbewussten und dem Gral ist im innersten Kern eng verbunden. Yesod ist das Haus der Kraft, das Unbewusste, das all unsere instinktiven Triebe enthält; der Einzug des Heiligen Grals in Camelot oder Pentecost gab der Tafelrunde ihren ureigensten Impuls, ihre Existenzberechtigung.

In der keltischen Mythologie findet der Gral seine Entsprechung im Kessel. Bemerkenswerte Beispiele dafür sind die Kessel oder Töpfe, die Keridwen, Dagda, Bran, Matholwych und Pryderi gehören.

Camelot und Malkuth

Das ist der westliche Traum einer vollkommenen Welt als einem glänzenden, amüsanten und sicheren Platz. Nicht der Himmel, sondern seine irdische Entsprechung, angelegt genau nach dem Vorbild. Es ist der Sinn, nach dem wir in unserem eigenen Leben streben. Die irische Parallele sind die vier Heiligen Städte (Finias, Falias, Gorias und Murias) mit den vier Schätzen (oder magischen Waffen).

Merlin und Hod

Einen offensichtlichen Wink gibt hier die Verbindung von Hod mit dem okkultistischen Pfad. Merlin und Hod sind beides «Initiatoren» in dem Sinne, dass sie Dinge beginnen. Durch Merlins Magie gelang es Uther mit Igraine zu schlafen. Er selbst ist mit dem Schwert im Stein und Excalibur verbunden. Er war Führer und Mentor von Arthur, eine Rolle, die seine Natur als merkurisch kennzeichnet. Es ist im ganzen Westen unter den vielfältigsten Namen präsent, wie als Lailoken im Keltischen und Borders im Schottischen. Eng verbunden ist er auch mit den Schmiedegöttern, die in allen europäischen Mythen so wichtig sind, so können wir Parallelen zu Credne, Govannon erkennen sowie den magischeren Figuren wie Gwydion, Diancecht, Manawyddan und auch Mongan, wenngleich letztere stärker mit dem Pfad, der von Hod nach Tipheret führt, verbunden ist.

Netzach und Nimue

Nimue oder Vivia, die junge Geliebte, ist eine Figur aus einer anderen Welt. Ihr Charme ist unwiderstehlich. Eine echte Venus. Merlin konnte ihr nicht widerstehen, kein Mann kann es. Sie wird auch als Fand, Doon Buidhe, Blodeuwedd (die «Blumenlady») gesehen und, in ihrem negativen Aspekt, als die junge irische Göttin Flidias mit ihrer unstillbaren Lust.

Genover und Chesed

Dies ist die Sphäre der Stabilität, der Ausdehnung und des Wachstums; es ist die Aufgabe eines jeden Königs, seine Königin zu finden und sich ihrer zu versichern. Ohne eine Königin ist eine Monarchie unvollständig. In den frühen französischen Versionen war Genover weit davon entfernt, eine dumme, unfähige Frau, die Camelot ruiniert, zu sein, sondern sie war eine eigenständige Kraft – gelehrt, witzig, menschlich und geliebt vom Volk. Eine schöne Entsprechung ist die Göttin Bridget oder Bride, die Herzkönigin, vergleichbare Figuren wären Etain, Grainne und Olwen.

Lanzelot/Mordred und Geburah

Beide Figuren haben, jede auf ihre Art, ihren Anteil an der Zerstörung Camelots, Mordred, weil er es geplant hatte, und Lanzelot durch seine Liebe zur Königin. In einem bestimmten Mass sind die beiden Alter-Egos. In manchen Versionen ist Mordred selbst der Geliebte Genover und seine dunkle Gestalt geht dann zurück auf den irischen Mider und noch weiter zurück auf die griechischen Unterweltmythen. Andere Figuren, die nahezu in Verbindung stehen, sind Diarmaid und Kulhwch.

Morgana die Fee und Binah

Hier kommen wir zu der Dreifaltigen Gottheit der dritten Sphäre, die sich in den meisten Mythologien wiederfinden lässt. In diesem Fall haben wir die drei Schwestern Morgana, Morgause und Elaine. Die Quellen sind sich nicht ganz einig, welche der ersten beiden mit ihrem Halbbruder Arthur geschlafen hat, aber für unsere gegenwärtigen Zwecke ist Morgana die bessere Wahl. Sie ist die Hexenkönigin, und ihr Name bedeutet «vom Meer geboren». Darin liegt ein Hinweis auf Binahs Titel «Das Bittermeer». Sie bringt Mordred zur Welt, und damit kommen die Kräfte, die am Ende den Kreis zerstören, aus ihrem Schoss. Sie wird direkt mit der irischen Morrigane gleichgesetzt und ihren Schwestern Babd und Macha, während Keridwen einer der Hauptgestalten Binahs ist, ähnlich wie Don und Danu.

Die Tafelrunde und Chokmah

Natürlich könnte man hier eine einzelne Figur als Entsprechung finden (wie z. B. Galahad oder Parzifal, die beide den Gral fanden), aber es scheint angemessener, den ganzen Tierkreis zu nehmen, der traditionellerweise das «Weltenchakra» Chokmahs repräsentiert. Nicht einen einzelnen Planeten, sondern das ganze Lebensrad kollektiver Erfahrungen und gesammelten Wissens. Die offensichtliche Entsprechung ist die Tafelrunde, ein lebendiger Körper vollkommener Menschen, die nach den höchsten Zielen streben und um einen einzigen Punkt in Harmonie und Gleichgewicht ausbalanciert sind. Aus der irischen Mythologie können wir an die Lichtgötter Tuatha de Danann denken oder an Finn MacCumhails «Red Branch Knights»; aber auch an einzelne Figuren wie Dagda (der in Verbindung zu Morrigane steht), Lugh, den grossen Gott, oder sogar an Cu Chulainn wegen seiner dynamischen Natur: sein Tod führt zur Aufrichtung eines einzelnen Steines, der Chokmah in einer bestimmten Phase symbolisiert.

Avalon und Kether

Dies ist der Himmelspunkt, an dem Camelot ins Heilige Reich von Logres und das gesegnete Jenseits von Avalon transzendiert. Entsprechungen können in Annwn und auch in Tir na'n Og gesehen werden. Wir sollten uns daran erinnern, dass Kether, in welche Analogie auch immer wir es setzen mögen, immer das höchste Konzept ist, nach dem wir streben können. Avalon ist nichts anderes als eine mögliche Gleichsetzung, aber die beste ist vielleicht doch Gott selbst.

All diese Gleichsetzungen sind eher als Vorschläge zu sehen, denn besonders in der keltischen Mythologie sind alle Bilder so offen, dass sie Raum für Diskussionen lassen. Ein Vorteil dabei ist, dass wir eine spontane Sympathie für sie empfinden können. Wir können sie benutzen wie die traditionellen Entsprechungen, solange wir an sie als übermenschliche Wesen denken. Was auch immer die Nachteile der Bilder der Erzengel sein mögen, so haben sie immerhin den Vorteil, für die meisten von uns klare, reine Formen ohne blinde Flecken abzugeben. Wir sollten uns deshalb bemühen, uns Arthur nicht als einen schmutzigen, aber tapferen römisch-britischen Krieger des 6. Jahrhunderts vorzustellen, sondern als einen wirklichen Sonnengott unserer Vorfahren. Betrachten wir einmal ein Ritual, das uns in dieser Haltung bestärken kann.

Beschwörung

Nachdem die Vorbereitungen abgeschlossen sind, wendet sich der Magier nach Osten. Statt Raphael stellt er sich diesmal Merlin vor, und zwar so, wie er selbst den Magus sieht. Er sagt: «Vor mir Merlin . . .» In diesem Fall schwingt die Figur nicht das Schwert, sondern überreicht es dem Magier. Er erinnert sich daran, wie Merlin mit dem magischen Schwert in der Arthursage verbunden ist, und fühlt, wie ein Wind ihm entgegenkommt und durch ihn hindurchfährt. Er fühlt all die Qualitäten des Lebens, Kraft, einen scharfen Verstand und nimmermüdes Fragen.

Indem er sich nach Süden wendet, erkennt er anstelle Michaels, dem Sonnengott, Arthur und grüsst ihn in derselben Weise. Er sieht ihn mit dem Speer oder der Lanze (die in Wales «Ron» genannt wird) und fühlt die Strahlenwellen des Lichtes, der Stärke, des Mutes, der Autorität und der Intuition.

Er wendet sich nach Westen, der wunderschönen, jungen Nimue entgegen. Er sieht sie, als sei zwischen ihnen Wasser. Sie trägt einen mit Edelsteinen besetzten Degen, in dem immense Heilkräfte schlummern, und der Magier fühlt Tiefen und Höhen, Ebbe und Flut, Liebe, Leidenschaft, Freude und Ekstase.

Im Norden sieht er Morgana im Sternenlicht. Sie hält den Schild Galahads, auf dem in immer frischem Blut das Kreuz erstrahlt, und um sie herum ist eine Aura von wechselnden Jahreszeiten, von stetigem Wachstum, von Pflanzen und Ernten. Sie symbolisiert Lernen (mehr als Erfahrung als Lernen im akademischen Sinn), Dauer, Reife, Toleranz.

Der Magier wendet sich wieder nach Osten und visualisiert die Bilder der Figuren um sich herum. Dann geht er langsam im Uhrzeigersinn im Kreis herum. In jedem Viertel hält er inne, nimmt die Rolle des Gottesbildes an und versucht ihre Eigenschaften in sich wahrzunehmen. Er schreitet weiter im Kreis und dreht sich spiralförmig zum Zentrum.

Am Ende des Rituals wendet er sich noch einmal nach Osten, dreht sich in alle Richtungen, nimmt einen leisen

Atemzug und stellt sich dabei vor, wie er die Gottesbilder in sich aufnimmt und jedem gestattet, Wurzeln in seinem Innern zu schlagen. Er ist offen dafür, in diesem Ritus ein vollständiger Mensch zu werden.

Arthurianisches Tarot

Der Spielraum für ein solches Tarot ist so gross wie alles vorher Behandelte. Wir alle können unser eigenes Tarot entwerfen, aber es muss nicht unbedingt eine visuelle Form annehmen. Wenn wir das Talent dazu nicht haben, müssen wir nicht um jeden Preis zeichnen. Die Vorschläge, die hier gemacht worden sind, sind nichts weiter als Appetithappen für den Schüler. Wir haben hier nicht genug Raum, um ins Detail zu gehen, aber man könnte z. B. damit beginnen, die Karte «Der Herrscher» von Waite mit der Erzählung von Galahad zu vergleichen (und der Platz der Gefahr), oder «Die Zerstörung» mit dem Schloss Lanzelots Joyous Gard, wohin er mit Genover flieht (welches auch das Schloss der Schmerzen genannt wird), oder «Der Gaukler» mit dem hinkenden Fischerkönig, oder «Die Prüfung» mit Arthurs Tod und seinen Einzug in Avalon auf der Bahre in Begleitung von drei Königinnen.

Es gibt dabei natürlich vieles, wo ich mir selbst nicht ganz sicher bin, aber es ist zumindest ein Anfang.

Wir können uns auch daran erinnern, dass der ursprüngliche Ausgangspunkt von Arthur und den Rittern die Christusfigur war. Allerdings sollten wir den einen nicht durch den anderen ersetzen. Eher liesse sich Arthur als Herrscher einer Zwischenphase verstehen. Wir sollten niemals die absoluten, spirituellen Grössen in der Magie aus den Augen verlieren.

Was der interessierte Leser jetzt tun sollte, wäre, soviel wie möglich über die Mythologie seines Heimatlandes herauszufinden. Je mehr er darüber lernt, desto mehr Energie wird in sein eigenes Symbolsystem einfliessen.

Gruppenarbeit und Gruppen

Jeder, der das erste Mal etwas von Ritualmagie hört, stellt sich Männer und Frauen in langen Roben in einem Kreis vor. Und wirklich ist Magie im höchsten Grad mit der Arbeit in einer Gruppe verbunden. In einem Ritual, das auf dem Kreuz im Kreis basiert, versuchen vier «Offiziere» die entsprechenden Eigenschaften der vier Richtungen in sich zu entfalten und ein psychisches Zusammenspiel zu bewirken, in dem sie die Kräfte des Lebens ausbalancieren und einen Miniaturkosmos schaffen. Es ist wie ein Kreisel, der sich nur dann perfekt drehen kann, wenn er ganz ausbalanciert ist. Und wirklich sieht ein Kreisel aus wie ein ausgebreitetes und in Bewegung versetztes Kreuz im Kreis. Wenn man allein arbeitet, wäre die Konzentration der Kraft auf eine bestimmte Richtung nur von Schaden, weil sie die spiralförmige Bewegung verderben würde. In einem Gruppenritual, in dem jeder eine Richtung repräsentiert, kann die kreisförmige Balance leichter hergestellt werden. Das Ideal dabei ist allerdings eher, dass die einzelnen zum Zentrum oder der Achse ihres eigenen Universums werden als zur äusseren Peripherie. Das wäre allerdings der letzte Grad der Perfektion, bis dahin sollten wir unsere besonderen Persönlichkeiten akzeptieren und uns für die Gruppenarbeit spezialisieren, damit der Kreis sich richtig drehen kann. Anfänger aber sollten bei ihrer Arbeit mit sich nicht nur die ganze Zeit mit einem Element arbeiten.

Und nun zu der Frage, warum Gruppenarbeit so erfolgreich sein kann . . .

Wir alle kennen die grosse Freude, die aus den seltenen Treffen mit unseren liebsten Freunden und nächsten Anverwandten entspringt. Es gibt da so etwas wie einen Gruppengeist, der gleichzeitige Impulse in der ganzen Gruppe hervorruft. Trotz unterschiedlicher Charakterzüge entsteht dann ein Gefühl der Einheit, von dem wir lernen können. Fähigkeiten der anderen färben auf uns ab. Ein solches Treffen löst ein Gefühl tiefen Wohlbefindens aus.

Das Ziel in der Gruppenarbeit ist, genauso eine harmonische Einheit zu bilden, deren Auswirkungen sogar noch weitreichender sind, weil sie entlang der inneren Linien der Freundschaft entstehen. DieEffektivität der Gruppenarbeit resultiert nicht daraus, dass mehr Kraft als solche freigesetzt würde, sondern dass mehr Harmonie entsteht, mehr Ganzheit.

Die einfachen Rituale, für die in den letzten Kapiteln Beispiele gegeben worden sind, können und *sollten* gelegentlich mit anderen durchgearbeitet werden. Statt die Götterbilder zu visualisieren, können sie durch wirkliche Menschen dargestellt werden, von denen jeder mit seinem Element in Harmonie ist. Sie treffen sich von Zeit zu Zeit und schwingen sich in die Bewegung der Erde um die Sonne mit ein, fühlen all die Wechsel, die darin liegen. Sie verbinden sich mit der harmonischen Natur der Dinge auf einer magischen Ebene und finden so ihr Gleichgewicht in einer chaotischen Welt. Im Anfangsstadium kann man gemeinsam die Übung des Pfadwanderns benutzen, indem einer die Gruppe durch die Tarotkarte «Der Mond» führt und sie fragt, was sie sehen. Hieraus kann eine umfassende Antwort erwachsen. Die Akteure können mit geschlossenen Augen einfach dicht beieinander sitzen und sich bei den Händen halten. Sehr einfach. Sehr effektiv.

Mit der Zeit wird der Leser zur Gruppenarbeit bereit sein, und er wird dann schon ein tiefergehendes Wissen über das Was, Wie und Warum haben. Die Gefahr liegt darin, dass er zu früh in einen der kommerziell angepriesenen Kulte fällt.

Ihre Anziehungskraft ist nicht zu leugnen. Ich selbst habe viel Zeit und viel Geld mit ihnen verschwendet. Es kann eigentlich nicht viel Lamas, galaktische Magier und Grosse Meister geben, die meinen Namen nicht auf ihren Anmeldungslisten haben. Tatsache ist, dass *wirkliche* magische Gruppen von solchen Leuten gebildet werden, die sich zueinander hingezogen fühlen und über genügend Einfühlungsvermögen verfügen und den Wunsch verspüren, genügend Sympathie füreinander zu empfinden, um sich auf tieferen Ebenen zu treffen. Solche Gruppen entstehen naturwüchsig, wie Autoren wie Arthur Guirdham und Charles Williams gezeigt haben. Es braucht nichts weiter als ein paar gute Freunde, die vielleicht frühere Leben miteinander geteilt haben oder nicht, vielleicht über einige spirituelle Kräfte verfügen oder auch nicht und sich treffen, so wie jedermann sich trifft. Um die kommerziellen Gruppen in diesem Zusammenhang einzuschätzen, nehme man an, der Leser habe eine Gruppe von Leuten, die er sehr gern mag, wie z. B. alte Schulfreunde, oder es ist eine einzelne Person, wie sein bester Freund oder seine Geliebte. Diese Gemeinsamkeit ist für sein Leben von höchstem Wert. Er würde im Traum nicht daran denken, in einer Zeitung zu annoncieren auf der Suche nach Leuten, die diese tiefe Harmonie teilen sollten, noch weniger würde er anbieten, diese Harmonie gegen eine Gebühr einen Monat lang zu lehren.

Zu oft lassen wir uns beeindrucken von den Reden selbsternannter Adepten. Reden, die mit einer ungeheuren Ernsthaftigkeit vorgetragen werden. Und wir hören uns selbst fragen: «Es klingt so, als ob er es auch so meint, warum sollte er lügen? Er muss die Wahrheit sagen. *Warum* sollte er lügen?»

Wegen der Macht, der Lobhudelei, dem Reichtum, dem folgenden Entzücken, dem Reichtum . . . in dieser materialistisch gestimmten Welt sollten wir eher fragen: Warum sollte er *nicht* lügen?

Bevor sie selbstgefällig werden, sind Okkultisten in dieser Hinsicht die unschuldigsten aller Menschen. Menschen lügen, natürlich tun sie das. Oder sie nehmen Drogen oder narren sich anderweitig.

Es scheint häufig vorzukommen, dass ein angehender Grosser Meister irgendeine visionäre Erfahrung macht. Was er dann allerdings tut, ist, diese Vision inneren und äusseren Realitäten zuzuschreiben, und so fällt er auf etwas rein, das lediglich symbolisch ist für unbewusste Elemente seiner Psyche und höchstens eine Scheingültigkeit besitzt. Visionen gehören zu Yesod, der Sphäre des Mondes und der Illusion. Die unteren Ebenen können über psychedelische Drogen oder eine ungeschliffene Natur aufgeschlossen werden. Das ist vielleicht der Grund dafür, warum bestimmte Kultfiguren ihre Reden so ernst nehmen: weil sie wirklich *etwas* gesehen haben. Und obendrein, solange ihm einige gläubige und leicht erregbare Leute folgen, ist der Gruppengeist stark genug, dem Okkultisten einige der Kräfte zu verleihen, derer er sich rühmt. Ich nehme an, dass das der Grund war, warum der Order of the Golden Dawn in seiner Weisheit eine Technik benutzte, die «Geistertest» genannt wurde und solche Täuschungen enthüllen sollte. Falls der «Adept» zu einer Analyse seiner Visionen schritt und sie in die reinen Symbole aufschlüsselte, mochte er zu magischen Taten bereit sein, statt sich im Dunkeln auf einer niedrigen Ebene selbst in die Falle zu gehen.

Wenn wir uns all diese Kulte anschauen, müssen wir das Vorbild aller westlichen Spiritualität nehmen – Jesus Christus – und uns nur fragen: Würde Er in Fernlehrkursen lehren? Würde Gott uns fallenlassen, wenn wir unsere Kursgebühr nicht bezahlen? Würde Jesus in einer Zeitung annoncieren?

Nein. Wenn wir uns ernsthaft dem magischen und mystischen Weg widmen, werden die richtigen Leute immer zur rechten Zeit zu uns finden. Denn alle angepriesenen okkulten Kräfte sind weit weniger wichtig als die Frage, ob der Magier im Grunde seines Herzens ein guter Mensch ist.

Man wird dann sehen, dass es magische Übungen auf den verschiedensten Ebenen gibt. Wir haben dazu eine kurze Übersicht angefertigt (s. übernächste Seite). Wir haben die inneren und äusseren Ebenen nebeneinander gestellt, um zu zeigen, dass die äusseren Ebenen genauso heilig und Erleuchtung versprechend sind wie die inneren.

In den hierarchischen Strukturen des alten Systems gab es

ab einem gewissen Grad den Eid, dass jedes Ereignis, jede Handlung und jeder Umstand im Leben des Adepten als ein direktes und geheimes Treffen zwischen dem Geist des Suchenden und Gott interpretiert werden musste. Es gibt keinen Grund, warum wir diesem Anspruch nicht sofort nachkommen wollen. Der Wert ist der, dass wir beginnen, unsere äusseren Lebensumstände in einem anderen Licht zu sehen. Und wenn es uns gelingt, unser Leben im Einklang mit den höchsten Prinzipien des Lebensbaums zu steuern, um so besser.

Was, bei Gott, leichter gesagt als getan ist.

	Innen	*Aussen*
Malkuth	magische Kreise Beschwörungen Schaffung von «Waffen» und rituellen Praktiken	alltägliche Welt Haus, Arbeit Beschäftigung Scharfsinn
Yesod	Astralmagie Hervorrufen von Bildern, entfernte Erinnerungen, die das Bewusstsein bestimmen	Träume, Sex, Erinnerungen, Selbstbewusstsein, Unabhängigkeit
Hod	okkulte Studien Analysen, Erforschungen magischer Techniken Meditation	Unterhaltung, Reisen Kommunikation Lesen, Beobachten, Nachdenken
Netzach	magische Identifikation, leidenschaftliche Bindung, okkulte Emphase, Sammeln von Energien	Romanzen, Hochgefühle, Entzücken, Werben, Vergnügen

Anhang

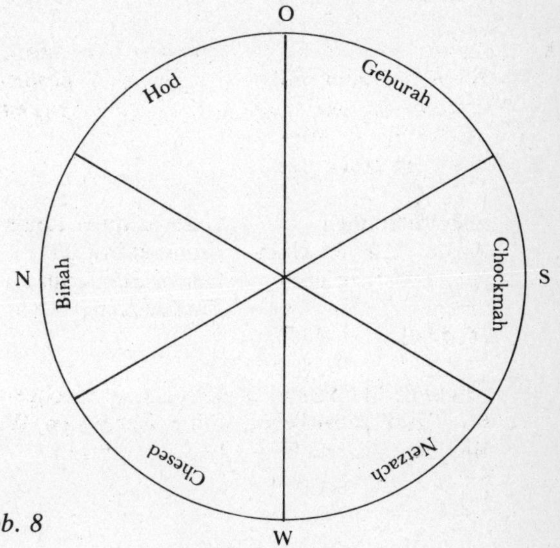

Abb. 8

Dies ist eine Interpretation des Baum des Lebens im Kreis. Die Sphären des mittleren Pfeilers bilden eine Mittelachse mit Tipheret im Zentrum, Kether an der Spitze und Yesod am Boden, wenn man die Figur sphärisch betrachtet. Malkuth ist das Ganze.

Natürlich gibt es auch andere Versionen, aber diese ist die eleganteste. Eine andere Möglichkeit wäre, das Schema zu ergänzen, und zwar Binah zu Malkuth hinzuzufügen, Kether zu Hod und Geburah, Tipheret im Süden zu Chokmah und Yesod zum Westen. Wähle selbst.

Kether

Planet	–
Erzengel	Metatron
Gottesname	Eheieh
Magisches Bild	Das Gesicht eines bärtigen Patriarchen im Profil gesehen.
Farbe	Brillanz
Symbole	Der Punkt in einem Kreis; der Knoten der kosmischen Lemniscate; die Krone.

Chockmah

Planet	Tierkreis
Erzengel	Ratziel
Gottesname	Jehovah, Jahweh, Jod He Vau Heh.
Magisches Bild	Eine bärtige männliche Figur, das Gesicht zum Betrachter gewandt.
Farbe	Schillerndes Grau mit Lichtpunkten durchzogen.
Symbole	Die gerade Linie. Der Phallus. Der Stab.

Binah

Planet	Saturn
Erzengel	Tzaphkiel
Gottesname	Jehovah Elohim
Magisches Bild	Eine reife Frau.
Farbe	Schwarz, dunkle Färbungen.
Symbole	Der Kelch. Die Lampe.

Chesed

Planet	Jupiter
Erzengel	Tsadkiel
Gottesname	El
Magisches Bild	Ein gütiger König auf dem Thron.
Farbe	Blau
Symbole	Ein Quadrat. Das Füllhorn. Gelächter.

Geburah

Planet	Mars
Erzengel	Khamael
Gottesname	Elohim Gibor
Magisches Bild	Ein strenger König auf einem Wagen.
Farbe	Rot
Symbole	Die Peitsche. Das Schwert.

Tipheret

Planet	Sonne
Erzengel	Michael
Gottesname	Jehovah Eloah va Daath
Magisches Bild	Ein Kind. Ein Priesterkönig. Ein geopferter Gott.
Farbe	Lachsrosa. Goldene Punkte.
Symbole	Das Hexagramm. Die Rose.

Netzach

Planet	Venus
Erzengel	Ariel
Gottesname	JHVH Tzavoos
Magisches Bild	Eine schöne nackte Frau.
Farbe	Smaragdgrün
Symbole	Der Gürtel. Ein siebenstrahliger Stern.

Hod

Planet	Merkur
Erzengel	Raphael
Gottesname	Elohim Tzavoos
Magisches Bild	Ein Hermaphrodit.
Farbe	Orange-gelb
Symbole	Der Heroldsstab. Eine Schlange.

Yesod

Planet	Mond
Erzengel	Gabriel

Gottesname	Shaddai el Chai
Magisches Bild	Ein schöner, kräftiger nackter Mann.
Farbe	Violet-blau
Symbole	Der Kelch. Spiegel.

Malkuth

Planet	Erde
Erzengel	Sandalphon
Gottesname	Adonai Ha Aretz
Magisches Bild	Eine gekrönte Königin (Natur).
Farben	Olivgrün, zitronengelb, rotbraun, schwarz
Symbole	Sandalen. Der Altar.

Literatur

The Magician, W. E. Butler (Aquarian Press)
The Mystical Qabalah, Dion Furtune (Ernest Benn)
Magical Ritual Methods, W. G. Gray (Helios Book Service)
«The Art of True Healing», Israel Regardie, in:
Foundations of Practical Magic, (Aquarian Press)
Western Mystery Tradition, Christine Hartley (Aquarian Press)
Women's Mystery, M. Esther Harding (Rider & Co)
The Great Heresy, Arthur Guirdham (Neville Spearman)

AUS UNSEREM PROGRAMM

Marilyn Ferguson
DIE SANFTE VERSCHWÖRUNG
Gesellschaftliche und
persönliche Transformation
im Zeitalter des Wassermanns
523 Seiten
broschiert, 38.–

Eliphas Lévi
TRANSZENDENTALE MAGIE
Erster Teil – Dogma
268 Seiten, illustiert
gebunden, 30.–

Eliphas Lévi
TRANSZENDENTALE MAGIE
Zweiter Teil – Ritual
338 Seiten, illustriert
gebunden, 36.–

Sergius Golowin
DIE WELT DES TAROT
Geheimnis und Lehre
der 78 Karten der Zigeuner
390 Seiten, 101 Abbildungen
gebunden, 46.–

Walter Wegmüller
ZIGEUNER-TAROT
Kartenspiel
78 Karten, Vierfarbendruck
Kartonbox, 28.–

Trevor Ravenscroft
DER KELCH
DES SCHICKSALS
Die Suche nach dem Gral
238 Seiten
broschiert, 28.–

Miguel Serrano
EL-ELLA
Das Buch der Magischen Liebe
93 Seiten
broschiert, 9.80

René Zuber
WER SIND SIE
HERR GURDJIEFF?
94 Seiten
broschiert, 9.80

Thaddeus Golas
DER ERLEUCHTUNG
IST ES EGAL
WIE DU SIE ERLANGST
90 Seiten
broschiert, 9.80

Jonn Mumford
PSYCHOSOMATISCHER YOGA
Der östliche Pfad zu geistigem und körperlichem Wohlbefinden
100 Seiten
broschiert, 9.80

Rudolf Gelpke
EWIGES MORGENLAND
Nachdichtungen orientalischer Poesie und Prosa aus arabischen und persischen Originaltexten
144 Seiten, illustriert
gebunden, 26.–

Aus der Wirklichen Welt
GURDJIEFFS GESPRÄCHE
Mit seinen Schülern
310 Seiten
gebunden, 46.–

SPHINX VERLAG BASEL